Only the Growers
Survive
Haruo Uehara

上原春男

成長するものだけが生き残る

サンマーク出版

成長するものだけが生き残る

目次

序章

なぜ成長しなければならないのか

1章

成長する人と組織に共通するもの

2章

「心地よさ」のあるところに成長は生まれる

3章

「成長思考」で限界を突破する

4章

大局をつかみ、柔軟に形を変える

5章

人間は成長するようにできている

装丁――――川上成夫
装画――――近藤康広
本文デザイン――――CGS・野地恵美子

序章

なぜ成長しなければならないのか

「成長したい」という欲求が幸福をもたらす

「うちの会社の売り上げが伸びないのは、世の中が不景気のせいですね」

「もう少し資金力があると、思い切った策がとれるのですがね」

「あの頭の固い部長がいるかぎり、私の出番はないですね」

といった話をよく聞きます。

とかく人間は、ことがうまくいかなくなると、その原因を「政治が悪い」「社会状況が悪い」「部長が悪い」というように、他人のせいにするものです。

経営者のなかにも、企業が成長しないのは世の中のせいであって、自分の責任ではないと主張する人もいます。

たしかに、物事や組織、そして自分自身を意図するとおりに成長させるのは容易なことではありません。これだ、と思って打った方策が功を奏さず、綿密に立てた計画も思うように進まない。こんなとき、すべてを投げ出したい衝動に駆られることもあるかもしれません。

しかしながら、人間というのは本来、成長するようにできています。成長がおぼつかないとしたら、それは外的要因ではなく、自分自身の姿勢や考え方に原因があるのです。

私は、佐賀大学で「海洋温度差発電」の研究を行っていますが、それと同時に、多くの企業経営者に請われて、「企業や人が成長するためにはどうしたらいいのか」ということをアドバイスしています。いまから三十年前に人や組織、物事が成長する原理についての研究を始めて以来、小さな企業から大きな企業まで、あるいは学生など、数多くの例を通して、伸びている人、伸びる組織、花を咲かせる研究、そして成長する企業には、共通する原理原則があることを見いだしました。

この本で私は「成長する」ことの重要性や必要性、あるいはどうしたら人や企業は伸びていけるのかということについて、私なりに見いだしたその原理や方法を説いていくつもりです。

そもそも、なぜ人や組織は成長しなければならないのでしょうか。

「成長しなくても、現状維持で十分だ」という人や企業の経営者がいるとしたら、それは重大な危機を招くことになります。

成長するものだけが、生き残るのです。現状維持にとどまるものは、即、衰退に向かうのです。伸びている会社でも、その現状に満足してしまったら、その瞬間にその組織は下りの階段を転がり落ちていくことになります。

ところが最近の日本では、この「成長」の旗色はあまりいいものとはいえません。かつての行きすぎた高度成長のひずみが大きくて、成長への貪欲《どんよく》さ一辺倒の生き方を見直そうという論調もあります。

しかし、その考えはいかにも極端すぎるように思えます。成長したいという欲求をもつことまで否定してしまったら、人間は本当の幸福を味わうことはできません。

成長したいという欲求は、人間だけがもつ欲求で、他の動物にその欲求はありません。心理学者のマズロー博士がいうように、私たち人間は低次元の欲望から始まって、しだいにそれを高次元化させていく。つまり欲求を段階的に「進化」させていく動物です。衣食住が満たされたら、次は知識欲、さらには自己実現欲というように、たえず欲求を高度化させずにはいられません。

しかしそれは悪いことではありません。その欲求の進化こそが、人間に「成長」を促す大きな動力となり、幸福の要因ともなるからです。

ささやかな望みから大きな夢にいたるまで、一つひとつ目標を描き、それを段階的に達成していくことに人間の喜びや幸せがあり、また、その達成プロセスを通じて自分自身の能力や人間性を高めていくこと、それが成長ということなのです。

したがって、私たちが欲求を満たし、それを進化させていく過程とは、そのまま人間が成長する過程であり、その意味で、人間はもともと「成長したい」という欲求を備えた動物であるといえます。

そして、その自然の欲求に沿って成長をめざすことが、人間に生きる活力やエネルギーを与え、さらには充実や幸福をもたらす原動力となるのです。

たとえば私は、これまでに世界二十カ国以上の国に出かけていますが、「この国はいい国だな」とか「国民が幸せそうだな」と感じられる国は、例外なく、国や国民が「成長したい」と欲し、また実際に「成長している」という手ごたえが実感できる国でした。

たしかに国によっては、日本に比べると、考えられないほど貧しい国もあります。しかし、貧しくとも、物質的な豊かさではなくもっと本質的な、人間の存在にかかわる「幸福感」を自分の人生に感じている国民は、みなとても幸せそうに見えるのです。

これは私たちの日常でもいえることです。日々成長意欲のある人は、私が見ていても非常に気持ちのいいものです。目標に向かって日々歩みを進めるその姿は、こちらにもいい空気を与えてくれます。逆に、後ろ向きでいつも愚痴ばかりこぼし、泣き言ばかりで成長しようとしない人は、成長意欲に乏しく、幸福感を得ることはできません。それどころか、周囲の人まで心地悪くさせてしまいます。

たえず自己を成長させようという姿勢こそが、人生の本当の豊かさにつながるのです。

「これでいい」と思った瞬間に成長は止まる

人間はもともと「成長すべく」つくられた動物であり、成長ほど人間にとって重要なものはない――このことをもう少し具体的に考えてみましょう。それには企業の例をあげるのがわかりやすいはずです。

なぜなら、企業ほど絶え間ない成長が求められる存在はないからです。つねにきびしい競争にさらされ、その競争に勝ち抜くためにたえず成長していくことを宿命づけられています。また、その成長度、衰退度が売り上げや利益などに数値化されてはっきりと表れるのも企業の特徴です。

したがって企業がその成長を止めれば、たちまちそれは売り上げや利益の減少となって表面化します。

しかし、そのことをもう少し大きな視点から見てみると、企業における成長の停滞は、じつはそうした数字上の危機だけにとどまらないことがわかります。

というのは、成長を止めて、生産性が低下した企業は、ユーザーや消費者の要求に十分にこたえられず、市場の支持を失いつつあることを意味するからです。それが続けば企業は長期的な衰退を余儀なくされ、従業員の生活を保障することもままならなくなります。

つまり人々に価値ある製品やサービス情報を提供し、社員の幸福にも寄与するという、企業の目的や社会的責任を果たせないことになります。

この点からも企業は、絶え間ない「成長体」であることを要求されるわけです。ところが、ときおり地方の伸びざかりの会社の社長などにこんなことを言う人がいます。

「おやじが年商十億円の規模に育てた会社を、息子の私が五年で倍にしました。なかなかのやり手だと地元でも評判になり、おかげさまで顔も売れました。ここまでやれば、まあ合格点でしょう。いつも商売、商売ではむなしいし、これ以上、会社を大きくしてよけいな苦労まで背負い込む必要もないと思うのです。あとはいまの規模を守っていくことを考えますよ」

成長もこのへんまででいいだろうと、あるレベルで満足してしまうのです。

しかし、「企業は生き物だ」と私が実感するのもこんなときで、トップがこうした自己満足にひたって、成長への意志をゆるめてしまうと、てきめんに売り上げが伸び悩み始め、社内の活気も失われて、経営がおかしくなってしまうのです。ひどい場合には、そのまま倒産してしまったというケースを私は何度か見てきました。

「経営者が自分の企業を、もうこれ以上成長させなくてもよいと思ったら、そこで企業の成長は限界となる」

企業には、こんなきびしい法則があるのです。当初の目標を達成して、もうこれでよいと考えた瞬間に成長の限界がくる。経営者が自分で成長の限界を設けてしまうと、そこがそのまま、その企業の上限点となってしまうのです。

したがって、さらに成長し続けるためには、目標を達成するたびに、すみやかにそれを上方修正し、そのことによって経営者の成長マインドを持続、強化していくことが必要になります。

実際、停滞期にあった企業経営者に、成長の重要性をあらためて認識してもらったら、再び売り上げが伸び始めた……私はそういう経験を何度もしました。

成長こそが、企業の目的であり存在理由でもある。だから企業はつねに成長体でなくてはならない。停滞や現状維持は「悪」であり、成長なくしては生き残れない――。

このきびしい企業社会の現実を、私たちは個人の生き方としても肝に銘じるべきだと思います。どんな人も組織も、成長意欲を失った時点から、やる気や活力が薄れ、能力の後退、創造性の低下へとまっすぐにつながっていってしまうからです。

あらゆる成長体には共通の原理がある

ところで、エネルギー工学の専門家である私が、なぜ、それほど口を酸っぱくして「成長」の重要性を説くのか。それには理由があります。

私は現在、佐賀大学で教鞭《きょうべん》をとっていますが、この三十年の間、ライフワークとして「海洋温度差発電」の研究開発に携わってきました。

耳慣れない言葉かもしれませんが、海洋温度差発電とは、簡単にいえば、海の表面の温かい海水と、深層の冷たい海水の温度差を利用して、電気エネルギーを取り出そうというシステムのことです。

この海洋エネルギーを利用した新しい発電システムはすでに実用化の段階を迎えており、これが一般に普及すれば、日本だけでなく、世界の抱えるエネルギー問題や水問題はいっきょに解決の方向に向かうはずです。

この「海水から電気を取り出す」方法は、従来の石油やガス、ウランを使った火力発電や原子力発電などに比べて、さまざまなすぐれた特長をもっています。すなわち、

・海水という無限の「資源」を、リサイクル利用するので、有限資源である石油やガス

のように枯渇する心配がない。そのため電力を多量、かつ安定的に供給できる。
・二酸化炭素などの排出とも無縁で、地球環境にほとんど悪い影響を及ぼさない。
・発電に利用した海水を用いて、海水の淡水化や、ミネラルウォーターの製造も可能になり、大量の工業用水、農業用水や生活用水を供給できる。
・海水を淡水化してできた純水を発電でできた電力で電気分解して水素を製造することができる。この水素で燃料電池をつくることができる。
・最終的に残った海水を海洋に放流すると、漁場をつくることができる。

このように、海洋温度差発電は、発電だけにとどまらず複合的に利用でき、エネルギー不足や水不足の問題、あるいは環境汚染問題、食糧問題など、現在、世界が抱えている大きな課題の解決に大きく寄与する可能性を秘めています。「地球を救う」夢の新エネルギーとして世界の注目を浴びているのはこのためです。

私は、この海洋温度差発電の研究や実用化において世界の先鞭《せんべん》をつけ、いまも最先端の技術開発を行い、その動きをリードしていると自負していますが、じつは、その研究開発のプロセスにおいて、私は人や企業が成長するための重要な原理を発見したのです。

それが「成長の原理」で、科学や技術、国や経済、企業や人など、分野、対象を問わず、すべてのものの成長、発展、成功には一つの共通の法則があるというものです。

たとえばコンピュータの開発においても、真空管から始まり、半導体、ＬＳＩと、その形や大きさを生き物のように変化させ、そのたびに大きな技術革新が起こり、おおいに進歩を遂げてきました。それはあたかも生命体が成長していく過程のようであり、その意味で、科学技術という無機質な分野も、日々進化していく「成長物」であることには変わりがありません。

そうであるなら、この科学技術を発展させる原理は、「本当の生命体」である人間、また、その人間が集まってできた組織のすべて――企業や自治体、国などにも共通して適応できるものではないか。私はそのような確信を抱くようになり、それをひそかに「成長の原理」と名づけて、自分の研究に応用するようになったのです。

欧米のモノマネでなく、独自の創造的な研究開発をしようとすると、どうしても既成の権威からの反発や批判が起こります。それを跳ね返すためには、確固たる哲学をもっていないといけません。

「成長の原理」は、当初は漠然とした概念でしたが、それを実行しているうちにしだいに体系化され、私が物事をなすときの心がまえや方法論の基軸となり、また、たくさんのアイデアを生む創造力の種ともなっていきました。

売り上げを三倍、五倍増にした「成長の原理」

「成長の原理」は次の五つの原理から成り立っています。

①第一の原理「創造・忍耐の原理」

②第二の原理「成長限界の原理」

③第三の原理「並列進行の原理」

④第四の原理「条件適応の原理」

⑤第五の原理「分離・再結合の原理」

詳しくはあとで述べますが、あらゆるものの成長はこの五つの原理を有しています。

自分の研究での実践を通じて、この原理の「正しさ」に自信を深めた私は、やがて機会を見つけて、知り合いの企業経営者の方などに――断片的にではありましたが――この原理について話をするようになりました。すると、彼らのなかから、

「先生、これは面白い。きっと製品開発や企業経営にも応用できるはずです」

という声が上がり、実際に、「自分の会社の経営に活用させてくれ」という人たちが現れたのです。

その結果、言いだしっぺの私さえびっくりするほど、それぞれの企業は目ざましい成果を上げました。社会情勢に適応したこともあって、三年で五倍に売り上げをふやしたり、五年で十倍増など、業績をぐんぐん伸ばして急成長した会社も少なくありません。

私は自分の編み出した原理の正しさを、実践・実用面からも証明された気がして、驚きました。

するとそのころからでしょうか、経営者の集まりに呼ばれて「成長の原理」について講演をする機会がふえ、私の考え方に賛同してくれる人が多くなってきました。

やがて、地元・佐賀県の経営者を中心として、年商百億円の企業づくりをめざす勉強会「チャレンジ100」も結成され、それをきっかけに「成長の原理」を研究、実践する企業グループが全国規模で広がっていくことになりました。

ちなみに現在では、同グループの参加企業は三百を超えて、そのなかからは、地方の小企業から、株式公開企業や年商千億円を超える大企業へと成長を遂げる会社も生まれてきています。

そうなると、あちこちの経営者の方から要請を受けて、分不相応にも経営指導やアドバイザーのようなこともするようになり、企業経営について、あるいは企業の成長について、それまで以上に深く考えたり、研究することが多くなってきたのです。

私が企業の成長の研究を本格的に開始してから、多くの企業について詳細な分析を始めました。すると、急成長して、安定した大企業になっている企業の多くが「成長の原理」に沿っていることがわかりました。たとえばトヨタやセブン－イレブン、セコム、京セラなどは典型的な例です。

逆に、当初は優良企業ともてはやされていた企業でも、衰退し、なかには倒産した企業もあります。これらの企業は「成長の原理」に反していることがわかります。

優良企業のトヨタとセブン－イレブンについて考察してみます。

トヨタはもとは、自動織機の会社としてスタートしました。創業者の豊田佐吉氏は「一人一業」が持論で、息子の喜一郎氏に、当時すでに大企業となっていた「豊田自動織機」をそのまま後を継がせることはせず、「おまえは自動車をやれ」と、織機業とはまったく異なった分野で新たな事業を起こすように言ったのです。

喜一郎氏はその期待にこたえて、苦労の末にトヨタを世界的企業に育てる基盤をつくり上げました。この例は、より大きな成長を遂げるためには、既成の分野を継続するだけなく、それと並行して新規事業を起こす必要性を示しています。それはつまり、「成長の原理」の第三の原理である「並列進行の原理」が成長に不可欠であることの一例といえます。

私はときどき、コンビニエンスストアのセブン－イレブンに行きます。セブン－イレブンのシステムや商品を観察していると、そこに「成長の原理」の応用が発見できます。

たとえば人気商品のおにぎり。ヒット商品だけあって、じつに多様な種類のおにぎりが開発され、店頭に陳列されていますが、主流はノリがポリフィルムに包まれていて、食べるときに巻いて食べるタイプのものです。

以前はノリが巻かれたままのものが多かったのですが、それですとノリがしけてベトつき、味も落ちてしまいます。そこでおにぎりとノリをポリフィルムによって「分離」し、食べるときにそれを再び「結合」するかたちにしたのです。すなわち「成長の原理」の第五の原理である「分離・再結合の原理」のみごとな適用によって、乾きノリタイプのおいしいおにぎりが完成したのです。そして、このタイプのおにぎりは大ヒット商品となりました。

十五年前、「銀行はつぶれる」と予見した理由

以前、私のところに、豆菓子の製造をしている会社の社長が「最近どうもピーナッツの売れ行きが悪くて困っています」と相談にみえました。

商品サンプルを見せてもらったところ、一見して、私には売れない理由がわかりました。五〇〇グラムのピーナッツが一つの大きな袋にまとめて入っているのです。それほどの量をいちどきに食べられる人はいません。残りはかなり厳重に封をしても、どうしても湿気がきて、味が落ちてしまう。

そこで私は一〇〇グラムずつ五つの袋に分けて、その五袋をさらに一つの袋に入れるように助言しました。包装袋を小さく「分離」し、それをさらに大きな袋に「再結合」するようにしたわけです。M社の社長はこのアドバイスを採用して、売り上げを再び成長カーブに乗せることに成功しました。

また、こういう例もあります。創業以来、堅実に成長してきたものの、ここへきて顧客の新規開拓が停滞してしまった会社がありました。

私は相談を受けて、顧客リストをあらためて分析してみました。すると、会社の成長とともに顧客の経済力も成長して、かなり収入の多い人たちが主な客層になっていることがわかりました。

そこで私は、次のようにアドバイスしました。商品の品ぞろえは、価格の安さよりも品質やデザインを重視すべきであること。さらに、宣伝広告の媒体も、漫然と新聞に折り込み広告を入れるのではなく、きちんとした市場調査をして、効果的にセグメントしていいかなくてはなりません、と。

客層の変化、すなわち企業を取り巻く環境や条件が変わっていることに、すみやかに対応、適応していかなくては成長を続けることはできないのです。これは「成長の原理」の第四の原理である「条件適応の原理」に相当します。

かつての国鉄は、親方日の丸的な態度と官僚的で硬直した組織システムでした。そのため、まるで氷河時代の恐竜のように外部の条件の変化に適応ができなくなり、莫大《ばくだい》な赤字を抱えていました。

このままでは日本の国自体が危なくなると、土光敏夫氏が英断をふるって、民営化したのです。

最近でも外的条件の変化に適応できなくなった業種が、つぎつぎに窮地に陥っています。その典型は銀行です。

かつては憧《あこが》れの優良大企業だった銀行が、世の中の変化を読み違い、大量の不良債権を抱えて倒産したり、吸収合併されています。

ちなみに私は、「絶対つぶれない」という銀行神話が厳然と生きていた十五年ほど前に、「このままでは銀行はつぶれる」と予見し、それを講演会で話したことがありました。それは、成長の限界がきているにもかかわらず、護送船団方式に守られて、「条件適応の原理」に対応する努力を怠っているのが明らかだったからです。

しかし、その場にいた銀行マンは軽蔑《けいべつ》のまなざしでせせら笑っていました。その結果は周知のとおりで、日本経済を長く暗いトンネルに入れてしまったのです。

こうした例には、企業の大小を問わず、枚挙にいとまがありません。以下、本文で少しずつ紹介していこうと思いますが、この「成長の原理」によって、企業の成長と衰退、すなわち組織盛衰の要因がほとんど説明できるのではないか。そしてそれは人や国の発展など、あらゆる分野にも応用できる骨格の原理となりうるものではないか。

多くの実例を通じて、私はそのことを確信するようになったのです。

成長のためのキーワード「心地よさ」

私は、この原理の研究や実践面への応用を通じて、成長に不可欠な、一つの大きなキーワードを発見しました。それは「心地よさ」というキーワードです。「心地よさ」は、「成長の原理」の中心をなすロジックでもあります。

企業が成長するためには、利益を上げ続けなくてはなりません。では、利益を適正に効果的に得るにはどうしたらいいか。一般的にいえば、商品やサービスに付加価値をつけよう、ということになるでしょう。それなら、付加価値はどうしたらつくのか。

いや、利益や付加価値とはそもそも何なのか——これに対する明確な答えはじつはあるようでありません。

私は、これに明確な解答をもっています。付加価値とは、お客さまの「心地よさの度合い」であり、「企業の利益は、いかにお客さまの心地よさを満たすかによってもたらされる」ということです。

私たちが物を買ったり、何かが欲しいと思うのは、その物自体を欲しているのではなく、その物を使うことで心地よさを得たいからです。食品を買う場合でも、それを食べることで満腹感やおいしさといった快適さを味わいたいからなのです。

つまり人の購買動機のなかには、必ず「自分の心地よさ」を満たそうとする心理が働いている。それが満たされる対価として、私たちは商品やサービス、あるいは情報にお金を払うのです。

したがって売り手である企業が利益を得ようとするなら、商品やサービスを通じて、消費者に心地よさを提供しなくてはなりません。また、その心地よさをより大きく満足させるためにさまざまな工夫や試みをする必要があるのです。ユーザーの快適度、満足度、心地よさが高ければ高いほど、商品の付加価値も高くなり、それにともなって企業の利益、すなわち成長度も大きくなっていきます。

別の言い方をするなら、企業の成長力や創造性とは、心地よさをつくり出し、それを市場に提供していくことなのです。心地よさこそが利益の源泉であり、成長を実現するための大きなキーワードなのです。

再び例に出しますが、セブン‐イレブンなどは、このお客さまの心地よさの演出にじつにこまやかな気の配り方をしている企業です。

たとえば、同店では棚の陳列を一日のうちに、多いときで十回以上変えるといいます。顧客が商品を見やすいように、手に取りやすいようにという工夫をほとんど絶え間なく行っているわけです。

また、お年寄りのお客さまがふえているとみるや、売り場の通路幅を広げたり、段差をなくしたり、トイレに手すりをつけたりして、いわゆる店内のバリアフリー化にいち早く着手するなど、同店の心地よさへのアンテナはきわめて鋭敏なものがあります。

もちろん、私の勉強会のメンバー企業のなかにも、この心地よさに着目して業績をどんどん伸ばしている会社があります。

たとえばアウトドア用品の販売会社であるS社は、折からのアウトドアブームに乗って順調に売り上げを伸ばしてきましたが、年間の総売上高が三十億円に近づくにつれて、その伸びが鈍ってきました。私は相談を受けて、店に出向いてみました。客の入りもそこそこで、品ぞろえも豊富。店員の接客態度も悪くありません。

何が原因だろうと首をひねっていましたが、やがて、「あの店は商品が選びにくい」「あそこで買い物をすると疲れる」といったお客さまの声が耳に届いてきました。たしかにS社では、商品の豊富感を出そうと、店内に商品をところ狭しと積み上げているため、売り場の通路は一人が通るのがやっという状態になっていたのです。

そこで経営者は社員を巻き込んで、お客さまに心地よく買い物をしていただくためにはどうしたらいいかを徹底的に考え、以下のような改善を実践しました。

・通路を広くする。
・金属製の棚を木製に替える。
・店のあちこちに木製のテーブルと椅子を置き、そこにテレビも置いて、アウトドアのビデオを流す。
・お客さまに要望や注文のアンケートを書いてもらい、店側からの解答も添えたメッセージボードを店頭に設置する。

つまり広い通路や目にやさしい木製の棚などでゆったりと買い物を楽しんでもらい、疲れたら椅子で一休みしてもらう。さらにビデオからのさりげない情報提供によって買い忘れ商品に気づいてもらう……といった「心地よさ」の演出をしました。すると、夫婦や子ども連れのお客さまの店内滞在時間が顕著にふえ、その結果、売り上げ二五％増と再び成長モードに入っていったのです。

「心地よさ」という付加価値の提供

あるいはこんな例もあります。A社の経営者はB社との取引を中止したいと考え、B社を訪れました。長年のつきあいだが、他社に比べて割高のB社の部品を購入し続けるのは、A社としても苦しくなっていたからです。

応接室に通されたA社長は、お茶を持ってきた女性社員のていねいで行き届いた、感じのいい応対にまず感心させられました。趣味のいい茶碗《ちゃわん》に入れられたお茶も、味といい香りといい温度といい申し分なく、お客をもてなす真摯《しんし》な心づかいを感じさせるものでした。

やがてB社長が現れましたが、A社長はふと思いついて、取引中止を告げる前に工場を見学させてもらうことにしました。

工場に入ると、そこの従業員たちは作業の手を止めて、一人ひとりが来客に対して、「いらっしゃいませ」とていねいなお辞儀をしながらあいさつをしました。工場内も清潔で、明るく、静かな中にも活気を感じさせる、きわめて心地よいものでした。

これに感動したA社長は、この会社となら安心してつきあえるし、その製品も信用できると、取引中止の考えを一八〇度変えて、製品のコスト削減を条件に、それまで以上の注文を出すことをB社長に約束したのです。その後B社は、その部品のメーカーとしては世界レベルの会社に成長しています。

いずれも、心地よさという付加価値の創出と提供が、いかに密接に成長へとつながっていくか。心地よさと成長は切っても切れない不即不離の関係にあり、企業の利益や成長は、何よりお客さまへの心地よさの追求からもたらされる。そのことがよくわかるエピソードだと思います。

したがって、社長から受付にいたるまで、それぞれの立場、役割から、どうしたらお客さまに心地よさを提供できるか。このことを全社レベルで必死に考え、懸命に実践することが重要です。このことがきちんと認識され、実行されれば、会社の成長は約束されたも同然なのです。

心地よさを創造するといっても、必ずしも大それたことをする必要はありません。

ある企業が、「お客さまに明るくはっきりとあいさつするようにしよう」と決めて実行しました。

たかだかこんなことで、と思われるかもしれませんが、このことがお客さまを心地よくし、結果として、その会社は売り上げを二倍にしたのです。

他人を心地よくするということは、企業だけでなく、個人の場合にもあてはまります。たとえば服装ひとつをとっても、清潔できちんとした服装をいつも心がけて身なりに気を使う。このことは、自分自身にとっても心地よいものですが、相手に不快な感じを与えないための、心地よさを演出するエチケットなのです。

したがって服装や言葉づかい、あいさつや立ち居振る舞いなどに気を配り、それらをきちんとこなすことで相手に心地よさを与えることができます。それがコミュニケーションや人間関係を円滑に進めて、その人の成長を促す大きな要因にもなっていくのです。

心地よさ――それは人や企業が成長していくうえで、もっとも重要で不可欠なキーワードであり、私が発見した「成長の原理」の柱をなす要素でもあります。

すなわち、心地よさを追求することが成長の源泉となり、成長することがまた人に心地よさをもたらします。成長と心地よさは相互補完関係にあり、その繰り返しや積み重ねによって人間は幸福を手に入れていくのです。

その点で、人間の幸福を根本のところでつかさどるのは、経済的な満足や豊かさばかりではありません。それは、物心両面を豊かにし、満足させる状態を表すキーワードである心地よさなのです。

幸福感とは心地よさのかたまりのことです。金銭的、物質的には十分満ち足りているのに、その心地よさに欠けている――いまの日本人が幸せそうに見えないのは、じつはこの心地よさが欠けているためなのです。

先に成長は人間の自然の欲求であり、幸福への母体となるものだと述べました。つまり、「成長したい」という欲求に沿ってたえず自分を高めながら、心地よさを追求していくこと。それこそ、私たちが幸福をつかむための最良にして最高の方法なのです。以下、そのための原理やノウハウを、具体例を盛り込みながら述べていこうと思います。

1章

成長する人と組織に共通するもの

「たった一％の成長」に一〇〇％の力を注げるか

人間にとって、「たった一％」の成長がどれほど大事なものか——そのことからこの章の話を始めましょう。

「今日は昨日より一％でいいからよくしよう、伸びていこう」

そうした堅実な成長志向が人間を大きな成功に導きます。

「たった一％」の成長志向があるかないか。また、そのわずか一％の成長を地道に継続し、積み重ねていけるか。それがやがて成功と失敗を分けるのです。

たとえば毎月一％でも成長を続けていけば、一年の成長率はたいしたものでなくても、それが十年、二十年と続くことで、チリも積もれば山となり、何も成長しなかった人との差は大きく広がります。これは利子の複利計算と同じです。すなわち、成長率は掛け算で導き出されるのです。

成長するためには、日々、たゆまざる創造性を発揮し続けなければなりません。「成長とは、創造性の総和である」というのが私の考えです。

学者という職業のせいか、私は何事も数字に置き換えて考える癖があるのですが、この創造性の総和ということに関しても、同じように数式で表せるのではないかと考え、十五年前に「成長の方程式」として提案しました。

創造性を前年度比で表したものが「成長度」です。したがって、「組織の成長度とは、組織の各部、各人の創造度の積である」ということを数式で表すと、次のようになります。たとえば、企業に六つの部署があったとします。前年度比で表したそれぞれの部署の創造度をC_1、C_2、C_3、C_4、C_5、C_6とすると、この企業全体の成長度G_Tは次のような式で表すことができます。

$$G_T = C_1 \times C_2 \times C_3 \times C_4 \times C_5 \times C_6$$

この方程式に基づいて、いくつかの例を計算してみましょう。

①各部署の創造性がゼロのとき

各部署の創造性、つまり成長度がゼロとなると、C_1からC_6までは全部「一」、つまりG_Tも「一」。この企業の創造性は前年度比ゼロとなり、まったく成長していないことになります。

②各部署の創造性が一〇％プラスの場合

各部署の創造性が一〇％ということは、C_1からC_6まではそれぞれ「一・一」となります。「一・一」を六回かけるとG_Tは「一・七七」となり、この企業の成長度は一〇％で

【会社組織と創造性】

各人、各部の創造性を、

いま仮に、

社長の創造性 …… C_1
専務の創造性 …… C_2
総務部の創造性 … C_3
営業部の創造性 … C_4
経理部の創造性 … C_5
生産部の創造性 … C_6

とする。

[各部署の創造性が10%プラスの場合]

もしも、この企業の社長以下全員が、創意工夫を行って、
創造性を去年より10%発揮したとする。
すると、C1＝C2＝C3＝C4＝C5＝C6＝1.1となり、

$$
\begin{aligned}
G_T &= C_1 \times C_2 \times C_3 \times C_4 \times C_5 \times C_6 \\
&= 1.1 \times 1.1 \times 1.1 \times 1.1 \times 1.1 \times 1.1 \\
&= 1.77
\end{aligned}
$$

となる。すなわち、この企業の創造性は、
去年より77%高く発揮されたことになり、
利益も、77%アップしたと見なすことができる。

[ある1つの部署の創造性がマイナス50%の場合]

もしも仮に、他の部門が10%アップしているのに、
生産部の創造性が去年より大幅に落ち込み
50%マイナスになったとする。すると、

$$
\begin{aligned}
G_T &= C_1 \times C_2 \times C_3 \times C_4 \times C_5 \times C_6 \\
&= 1.1 \times 1.1 \times 1.1 \times 1.1 \times 1.1 \times 0.5 \\
&= 0.81
\end{aligned}
$$

となり、企業全体の創造性は、マイナスの19%になる。

はなく、七七％の成長となるのです。これを利益に置き換えると七七％増という、ものすごい成長になるのです。成長率が単なる足し算ではなく、掛け算によるものという、大きな成長効果です。

③ある一つの部署の創造性がマイナス五〇％の場合

逆に、他のすべての部署が一〇％の成長を遂げているのに、Ｃ６という一つの部署の成長度が落ち、マイナス五〇％になってしまったらどうでしょう。

この企業の成長度GTは、Ｃ１からＣ５まで、一・一を五回かけ、それにＣ６の分「〇・五」をかけなければなりません。すると成長度は、「〇・八一」となり、前年度比一九％のダウンということになってしまうのです。

こうした状態が翌年、次の年と続いていけば、マイナス成長はいっきに拡大して、どんな優良企業もあっという間にその業績を悪化させてしまいます。

それまで好調だった会社があれよあれよと急に売り上げや利益を落として、どうしてあんな大きな会社が、儲《もう》かっていた会社が、と私たちを不思議がらせることがあります。その原因はたいてい、このようにある部門の成長度（創造性）の低下と、その累積が全体の足を引っ張ってしまうことにあるのです。そういう例は少なくありません。

成長を「創造度の積である」とすると、その効果の大きさと、怖さがわかります。すなわち「たった一％」の伸びを続けることがどれほど大きな成長要因となるか。そのたった一％の成長を怠ったとき、どれほど大きなマイナス要因となるかが、この単純な例からもおわかりいただけると思います。

個人の場合でも、たとえば「当初の目標の九九％まで達成したから、立派なものだ」と簡単に納得してしまう人がいます。ましてそれが九九・九％なら、「ほとんど達成したも同じ、もう十分だ」と満足感を覚えるものです。しかし、その一％、〇・一％の未達成部分こそが、じつは成長にとってとても大きな意味をもつのです。

私はサッカーが好きで、よく観戦するのですが、ゲームを九九％支配していても、残りの一％の詰めが甘いと、それがそのまま負けにつながることがしばしばあります。逆に九九％攻め込まれていても、一％のチャンスをものにすることで圧倒的不利の試合にも勝利することがあります。

つまり、「たった一％」をおろそかにしたり、油断したりすると、それまで積み上げてきた九十九がゼロになってしまう。反対に、その一％に全力を傾けることで、一％を百に変えることもできるのです。

その点で、九九％と一〇〇％の差は単に数字上の一％にとどまりません。その差は、ことの成否を分け、人間が大きく成長できるかどうかの分岐点となる「偉大な一」なのです。

そして人間の成長とは、まぎれもなく、そのわずかな一％の差を詰める努力からもたらされるものなのです。

九十九まで達成したから、これでよしと安心してしまうか。それとも、残りの一、わずかな一、たったの一に、それまでと同じ力を込められるか。それまで以上の力を傾注できるか——その「一に百の力を込める」姿勢が大きく人を伸ばし成長させていくのです。

目標をもつと、脳の中に成長回路ができる

では、成長のための必要条件は何でしょうか。

まずは「成長しよう」という強い信念、意欲をもつこと。そして成長のための明確な目標をもつことです。

成長するためには、まず「成長するのだ」という前向きな意志や姿勢がなくてはなりません。当たりまえすぎる言い方ですが、この意志がない人は、成長の種をまかないようなもので、成長の道へのスタートラインに立つことすらできないのです。

成長しようという意欲をもつことが成長への第一歩である——これは「可能思考」とも

いわれています。
米国のシュラーという人は可能思考の条件として、次の四つをあげています。
一、否定的な感情をなくし、自信と決意に満ちた人生を歩むこと。
二、新しい考えやクリエイティブな提案を積極的に評価すること。
三、好機を見つけて勇敢に挑むこと。
四、むずかしい問題を「歓迎」し、否定的な要素を「建設的」に利用して、創造的に解決すること。
よくいわれるプラス思考を、さらに積極的にした考え方ですが、最近では脳科学の分野の研究が進んで、こうした可能思考が成長や成功への大きな動機づけになることが大脳生理学的にも判明されてきています。つまり、「人間の脳は、その人が成長しよう、成功しようと考えると、そのために必要な情報を多く取り入れ、それを成し遂げるための脳の神経回路が刺激されて、そこに『成功回路』のようなものが発達する」といったことが徐々にわかってきているのです(『心とコンピュータ』利根川進、松本元他による共著、ジャストシステム)。

成功回路とはなかなか魅力的な言葉ですが、意欲が脳神経に作用する、つまり「思い」が脳を活性化するわけで、そのため成長意欲の旺盛《おうせい》な人は、他の人が見逃してしまうことでも、成長や成功に必要な情報や知識としてどんどん取り入れて、脳神経や脳細胞を活発化し、頭の中に成功のための回路をつくり上げてしまうのです。

そして松本氏によれば、その成功回路は、いつも前向きで積極的なことを考えていると、あたかも筋肉を鍛えるように強固になっていくそうです。逆にいつも消極的なことばかり考えていると、成功回路はしだいに衰え、反対に「否定回路」のようなものが形成されて、何事にも否定的な発想や行動がふえてしまうのだそうです。

だから、まず成長しよう、成長するんだという意志や意欲をもち、可能思考を習慣づけることで、自分の脳の中に成功や成長への回路を築くことが大切なのです。

そして私の考えでは、こうした脳の中の成長回路は、「明確な目標をもつこと」によってさらに強化されます。「目標をもつと、脳の神経回路はその目標に合った回路に組み替えられて、活性化していく」ことが、やはり最近の大脳生理学の研究によってわかっているからです。

これについては心当たりのある人もいるでしょう。たとえばこういう経験をした人は少なくないはずです。何か一つのことに強い関心や問題意識をもっていると、ふだんの何げない行動――新聞を読んでいても、電車に乗っていても、街を歩いていても、その関心事や問題に関連する言葉とか映像が、どういうわけか、無意識のうちに向こうからどんどん目に飛び込んでくる――。

これは強い目標や目的意識が、いわばオートフォーカス機能の役目を果たして、目標達成のために必要な情報や知識を自然選択的に集めてくれているのです。明確な目標をもつことによって脳細胞が活発化し、必要な情報をおのずと集めたり選ぶように脳が勝手に動いてくれるといってもいいかもしれません。

突然、いいアイデアや解決策がひらめくことを経験されたことがあるでしょう。

これも明確な目標・目的意識が、結節点に蓄えられ、烏合《うごう》の衆のように見えた知識や情報を、ダンゴを串刺《くしざ》しするように互いに結びつけたり、一つに統率して、すぐれたアイデアやひらめきとして表面化させてくれるからなのです。

このことについても、やはり科学的な説明はなされていています。新日鉄の会長を務められたこともある武田豊氏は大脳生理学の研究でも有名な方でした。武田氏によると、「目標を設定」すると、「思いをめぐらす」という心の動きが大脳の中の前頭連合野という部分に現れてくるのです。

そして、思いをめぐらしているうちに、これまでに得た知識や情報を組み合わせる作業が始まります。それが「思考」で、この思考を行うことで「ひらめき」が発生し、創造性が生まれるのです。

したがって創造やひらめきは偶然から生まれるのではなく、「目標を設定しなければ創造は絶対出てこないものだ」と武田氏は断言しておられます。

これらのことからわかるように、明確な目標をもつことで、人間の脳には目標達成のための回路ができ、必要な情報の収集選択機能が働いて、創造性が発揮され始めるのです。目標のはっきりしている人とそうでない人では、脳の活性化度が明らかに異なっています。だから成長するためには、まず第一に成長への意志や意欲をしっかりともつこと。次に、目標を明確にすること。それによって、何より脳を「その気にさせる」ことが大事になってくるのです。

目標を口に出すことで、成長回路を刺激する

成長したいという意欲と明確な目標。これを土台に人は成長への階段を上り始めます。その目標を明確にし、脳にしっかりと定着させるには、それを実際に口に出して言ってみたり、紙に書き出してみたりすることが——小さなことですが——大きな効果を発揮するものです。

目標を、頭の中で描くだけでなく、必ずそれをノートやカードに書き出してください。あるいは人にそれを宣言してみましょう。すると、その言葉が自分の脳を「束縛」して、目標達成の方向にあなたを動かす効果があるのです。

目標の文字化、言語化が脳をその気にさせるわけです。そればかりでなく、たとえば書くことで問題点を絞り込むことができるという利点もあります。周囲の人に自分のやりたいことや目標を話すことで、彼らから有益な情報や知識がもたらされることも少なくありません。

私が「海洋温度差発電」を一生のテーマにしようと決心したとき、当時、日本のエネルギー工学の大家といわれていた大学教授や研究所の部長、企業の役員などを訪ね、「海洋温度差発電の研究をしたいのですが」と教えを請いました。

ところが、誰一人として賛成してくれる人がいませんでした。それどころか、その研究がいかに無謀で無意味なものであるかをことこまかに語ってくれる人や、「これを読んでみなさい。海洋温度差発電には実用化の可能性はないと明言してあるから」と古い論文を渡してくれる人もいました。目にしたり耳に入ってくるのは、みんな私の立てた目標に冷水をぶっかけるようなマイナス情報ばかりだったのです。

しかし、私は逆にこれはチャンスだと思いました。そのマイナス情報には海洋温度差発電の失敗例や多くの問題点が詳細に含まれていたのです。

その「ダメな理由」「失敗した原因」を分析して、それとは異なるやり方をすれば、むしろ成功の可能性は高まるのではないかと考えたのです。失敗例を学ぶことは成功に近づくきわめて有効な方法です。

したがって、このやり方ではダメだった、あの方法は通用しないという否定的情報はじつは宝の山だといえます。実際、海洋温度差発電の実用化には、そのとき集めたマイナス情報がおおいに役立ちました。否定的な要素を建設的に利用することで、創造的な技術を開発することができたのです。

このように、目標ややりたいことを明言したり、「言いふらす」ことは有益な知識や情報を集める磁石《じしゃく》となります。集まってくるのがマイナス情報であっても、反面教師になったり、別の方法を考える契機となるのです。いずれにしろ、それは目標達成の足場となり、成長への手がかりとなるのです。

これは企業の場合も同じです。ある地元の企業の社長が、あるとき、「法人税の納付額を地域で十五位以内くらいにしたいので指導してほしい」と相談にみえたことがありました。

企業にとって納税額というのは、一つのわかりやすい成長指標です。つまり、その社長は、それくらい「成長したい」という意欲が高まっていたといえます。

そこで私が、「十五位などと言わず一位をめざしましょう」とハッパをかけると、「一位はちょっと……」と最初はたじろいでいました。しかしその社長は懸命に努力し、トップをめざして事業を拡張していきました。その結果、それから五〜六年のうちに、みごと納税額二位を達成してしまったのです。

研究室に在籍する学生の指導をするときにも、私は同じ手法をとります。

私たち工学系の研究室では、博士課程の学生にも研究テーマを与えます。テーマをもらった学生は、論文を書くために日夜努力します。

私は学生にテーマを与えてしばらくすると、「キミは今年、論文を何報書くつもりか」と問います。

すると学生は、「去年一報でしたから、今年は何とか二報を」と答えます。すると私は、「いや、キミの力量なら、五報はいける」と彼の成長意欲を刺激し、鼓舞してやります。するとそのとおりのことが起きるのです。

そうやって、一年間に論文を八報書いた学生が、某国立大学の助手募集に応募したところ、一つランク上の「講師」として採用になったというケースもあります。いわば二階級特進です。それくらい明確な目標というのは成長を促す動力になるのです。

目標を、数字化などしてはっきりと定める。すると、不思議にそれが実現する。「言ったことはかなう」という実例を私は何度も目撃してきました。

でも、それは不思議でも何でもなく、口にし、書くことで明確化された目標が、私たちの成長意欲をおのずと高め、人をやる気にさせて、達成に向かって積極的に行動するようになるということなのです。その結果、私たちは自然と成功へ近づいていくのです。

「大きな目標」を掲げない組織は成長しない

目標を明確にせよというと、すぐに、数値化された具体的なプランをとりがちです。私たちは具体的なプランを立てるまえにまず、「自分たちは何をすべきか、何をめざすのか」という大目標を定めることが大切です。人や企業は、大目標を明確に定めることで大きく成長するのです。

数値目標や達成プランというのは、その大目標に沿ってつくることによって効果的になるのです。したがって、どうすべきかの前に、まず、何をすべきか、何をめざすのか。Howの前に、WhatやWhyを自問し、明確にすることが必要なのです。

企業でいえば、この大目標を決めることは、企業活動のおおもとである理念や方向性を決めることに通じます。自分たちはどんな会社で、何をめざしているのか。いわゆるＣＩ（コーポレート・アイデンティティ）が明確になり、それをもとに企業の使命、活動の理念、事業の方向性がはっきりと定まり、社員の意欲ややる気も高まっていくのです。

大目標の設定が企業理念を明確化し、それが大きな成長につながっていった会社にセコムがあります。いうまでもなくセコムは警備保障会社の草分けです。その創業者・飯田亮《まこと》氏とは、かつて親しく交流させてもらったこともありますが、同社は創業以来、増収増益を重ね、いまや超優良企業の代表の一つです。

この成長の根っこには、ある事件をきっかけに、飯田氏が自らの事業コンセプト、会社の大目標を大きく転換させたことがあると私は考えています。

セコムはもともと、ガードマンを派遣してビルの警備保障などを行う、いわば「人材派遣業」で伸びてきた会社です。ところが同社のガードマンが派遣先で不祥事を起こしてしまい、事業は大きな転機を迎えます。このとき飯田氏は思い切って、自分たちはどんな会社か、何をめざす会社かという、企業のＣＩ、すなわち理念や使命を根底から変えてしまおうと考えたのです。

つまり、それまでのガードマン（人）による警備をやめて、センサー（機械）による監視システムを開発し、それによって事業の位置づけや方向性を、以前の人材派遣業から社会に安全を売るシステムビジネス、「社会システム産業」へと大きく変えました。

これが功を奏して、セコムは飛躍的に業績を伸ばし、現在の隆盛にいたったのです。成長のためには、いかに大目標の明確な設定が大事かを表す好例であると思います。大きな目標の「根」を定めることが、成長への足腰を強くして、幹を伸ばし、枝葉を広げてくれるのです。

自分が何をすべきか、何をめざしているかくらい百も承知だというかもしれません。しかし、あらためて自問してみると、案外、その大目標の把握があいまいなことが多いものです。

私は、私のところに経営の相談にみえる企業経営者の方に対してまず最初に、こんな質問をします。

「あなたの会社は何をする会社ですか」――たいていの社長さんは目を白黒させてびっくりされます。

しかし、これはただ単に業種を問うているのではありません。自分たちは何者か、何をめざして活動しているのかという、その会社のアイデンティティ、事業の大目標を問うているのです。

それがあいまいな会社は、企業活動の目的が明確でないということであり、経営者もそれをはっきり把握できていないことを意味しています。それはすなわち成長への機会を逃していることでもあるのです。

実際、私の経験では、この質問に経営者が迷いなく即答できる会社は、このきびしい時代にもしっかりと利益を出しています。一方、しどろもどろな応答しかできない人の会社は業績不振に悩まされていることが多いのです。それが初歩的で基本的な質問であるがゆえに、その会社や経営者の能力や認識、言い換えれば成長意欲や成長能力を示す格好のリトマス紙となってくれるのです。

目標を明確にして初めて具体論が見えてくる

ある印刷会社の社長に、あなたの会社は何をする会社ですかとたずねたことがあります。その社長は迷うことなく、「印刷業です」と答えました。そこで私はさらに質問を重ねました。

「おもに何を印刷しているのですか」

「得意先が地元のスーパーですから、お店の特売のチラシなどがメインです」

「そうですか。では、そのチラシを見る人は、そこに何を求めていますか」

「今日は、どの店の、どの商品が安いかということでしょうか？」

「すると、単なる印刷業ということではなくなりますね」

「え……ああ、そうか。私の会社は印刷物を通じて、世の中にお得意先の情報も提供しているんですね」

「そうです。だから、あなたの会社は消費者に新しい情報を与えるという情報産業の一翼も担っているのです」

このことからもわかるように、自分の会社は単なる「印刷業」だと決めつけていると、狭い範囲でしか営業をすることができません。しかし、自分の会社は、得意先と消費者を結ぶ情報提供者としての「サービス業」だととらえ直してみると、ちょうどセコムが人材派遣業から社会システム産業へと大きくハンドルを切ったように、そこに、その会社の本当のＣＩ、本当の大目標が浮かび上がってくるのです。

この会社はそれまでは、得意先から言われるままに印刷をしていました。しかし、企業の大目標を「情報産業」と変えてからは、使う用紙の種類やサイズ、色づかいやレイアウト、写真やコピーにいたるまで、消費者の目と心をつかむために、気配りの行き届いた、洗練された印刷物をつくる創意工夫を主体的に行うようになりました。その結果、社員の創造性は高まり社内の雰囲気も明るくなって、現在も大きく成長しています。

大目標をしっかり設定することで企業活動の方針が定まり、そこから、具体的な中目標や小目標、あるいは戦略やプランなど、成長への道筋が明確に描けるようになるのです。したがって目標を立てるときは、まず大きな目標を設定し、さらに中目標、小目標を立て、計画や目標の「大きさ」を絞り込んでいくやり方が有効なのです。

私自身も、「海洋温度差発電」を成功させよう、何とかして海水から電力を取り出す方法を実用化して、社会のために役立てようという大目標を設定し、さらに中目標、小目標を立て、三十年にわたる具体的な計画を立てました。

その時点では、気の遠くなるような、見果てぬ夢のたぐいであったかもしれません。しかし、その大目標が私の信念とも目的ともなり、その後の生きる方向や機軸をしっかりと定めてくれました。そのせいで、自分の中に、まっすぐな一つの大きな道筋が描け、それに沿って歩くことで、私は少しずつですが着実に成長してきたのだと思います。

すなわち、三十年後の大目標を達成するための、十年単位のプランはこれ、一年ごとの計画はこう、さらに一カ月、一週間、一日と、それぞれ中・小目標をしっかりと絞り込むことができ、それによって毎日すべきことが明確になりました。また、その日々の仕事が全体のなかでどんな役割を果たしているかという、全体と部分の関係をいつも正確に把握することもできました。

つまり、「何のために今日、これをしているのか」「今日一日の仕事がどこへ通じていくのか」。それがいつも頭の中ではっきりしていたので、大きな迷いも悩みもなく、すべきことを堅実に積み重ねることができたのです。そのことが小目標を果たし、さらに中目標を達成し、ついに三十年後に、海洋温度差発電の実用化という大目標をほぼ手中にすることにつながりました。

私たちはふだん、一日のノルマに追われるあまり、つい大きな目標を見失いがちですが、その視野狭窄《きょうさく》を防いでくれるのが全体の見取図、すなわち大目標をいつも明確にしておくことなのです。

「オレは社長になるのが夢だ」。こういう目標もあっていいと思います。しかし本来、目標とすべきは、「社長になって何をしたいのか」ということです。社長になるのは、その「何か」を果たすための手段にすぎません。その手段が目的化してしまうと、大目標をいつの間にか見失って、当面の中目標や小目標もおろそかになる、そんな愚を犯してしまうことにもなりかねません。

ですから成長のためには、まず大目標を掲げ、それを土台にして中目標を立て、さらに小目標を設定するという絞り込み型のやり方が有効なのです。そしてそれを実践するときは逆に、小→中→大という順序で、焦らず、あわてず、あきらめず、着実に実行していくことが大切になってきます。私はよく学生や子どもに「あわてるな！　しかし、急いでやれ」と言います。これは私の特論でもあります。

最終目標は空の高いところに見据えてもいいが、足もとはしっかり地面を踏みしめて一歩一歩進んでいく。私自身、「目標は大きく、行いは小さく」を信条としています。それが成長のためには何より重要なのです。

成長の度合いは、創造力と忍耐力の積に比例する

この一歩一歩ということが最近の若い人は苦手のようで、地道な努力とか、たゆみない継続は、いかにも地味でつまらない作業だと敬遠されがちです。しかしそれは人間が成長するためにはけっして欠かすことのできない不可欠な要素です。

私の発見した「成長の原理」の第一の原理をなすのは「創造・忍耐の原理」です。

すなわち、

「成長力は創造性と忍耐力をかけたものである」

人や企業が成長していくためには、まず創造性が発揮されなくてはなりません。これは誰にもわかることだと思いますが、じつは創造力だけでは成長を続けていくことはできないのです。

創造力を地道に継続していくためには忍耐力が必要です。たえず創造力を高める努力と、それを持続していく忍耐力。この二つが成長にとって第一に必要になってくるのです。

つまり「成長物の成長の度合いは、それにかかわる人の創造力と忍耐力の積に比例する」という原理が導き出せるわけです。

創造と忍耐。この二つは一見、まったく別もののようにとらえられがちです。かたや、すぐれた発想やひらめきに基づく天才的な能力。かたや、コツコツと汗水たらしながら積み重ねる作業。たしかに二つは相反するものです。

けれども、この二つはけっして対立するものではありません。それどころか、創造と忍耐はじつはセットのもので、忍耐力の持続がないと創造力というものは生まれません。創造は忍耐によって支えられているといってもいいでしょう。

その証拠に、すばらしいアイデアやひらめきも、それを実践するための持続力がなければ、単なる思いつきで終わってしまいます。思いつきを創造性にまで高めるためには、努力や継続をおこたらない忍耐力が必要です。

このあたりの機微をうまく表現しているのが、かの有名なエジソンの言葉です。

「天才とは一％のインスピレーションと九九％のパースピレーション（汗をかくこと）によってもたらされる」

この言葉の意味は、単に「汗をかけ」という努力礼賛だけにとどまりません。それは忍耐は創造の母親であること。さらに、「たった一％」の可能性に全力を注ぐべしという成長のための原理をも示唆した、きわめて含蓄深い言葉といえます。

開発室や工場ですぐれた製品が完成しても、それを一つひとつ汗を流し、足を棒にして売る努力がなくては、商品が市場に行き渡らないように、成長には忍耐という「地味な能力」が大きなポイントになってくるのです。

私が最初に、「海洋温度差発電」の実験プラントをつくろうと思いたったとき、大学の研究室には必要な道具はペンチ以外に何ひとつありませんでした。むろん、それらを購入する予算もありません。それで私は自腹を切って、必要な部品を買いに行きました。それも新品はほとんど買えないので、廃品回収業を訪ねて中古品をあさったのです。

業者の人はなかば同情、なかばあきれたような顔で、「一個百円で何でも持っていっていいですよ」と言ってくれました。私は学生と一緒に、鉄パイプやバルブ、真空ポンプ、フラスコ、バケツなどを一万円たらずのお金で分けてもらいました。それをリヤカーで引いて大学に運びました。そして、一つひとつ汚れを取り除き、修理を加えて、みんなであでもない、こうでもないと知恵を出し合いながら、手作りで実験装置をこしらえていったのです。

私はその実験装置を「不知火《しらぬい》ゼロ号」と名づけました。「不知火ゼロ号」による発電実験は失敗につぐ失敗でした。しかしあきらめずに工夫と改良を重ねた結果、ついに、一ワットの電球が一個、約五秒間だけ点灯しました。粗末な装置による、小さな小さな実験成果でしたが、それは、のちの海洋温度差発電実用化への「偉大な一歩」となりました。

このとき私は、この小さな成果のずっと先に、大きな果実があることを確信できました。その後、私は数多くのプラントをつくりましたが、この手作りの「不知火ゼロ号」を用いての実験風景を思い出すといまでも涙が込み上げてきます。

一%のインスピレーションと、九九%のパースピレーション、すなわち地道な努力と忍耐によって実現までこぎつけたときの感動は、非常に大きなものがあります。私はいまも成長は、創造や忍耐力に支えられていることを日々痛感しています。

忍耐とは習慣によってつちかわれる

昔の日本では子どもに、『論語』などの素読をよくさせました。「子《し》のたまわく……」と、むずかしい文章を意味もわからないときから、ただ体に刻み込むように何度も音読させるのです。素読の経験のある人は死ぬまでその内容を忘れないものです。

文章を忘れないというだけでなく、繰り返し音読した結果、最初は理解できなかった意味を徐々に理解するようになります。何度も何度も口にした結果、いわば「音が血肉化して、意味へ転化していく」のです。

音読の効果については、最近また見直されているようで、小学校でも文章を暗唱することが授業に取り入れられています。

また、文章を暗唱することは脳の老化防止に効果があるということで、老人の間でもはやっているそうです。

私は『論語』ではありませんが、中学時代に憲法のすべての条文や芭蕉の『奥の細道』の俳句を全部暗記したことがあります。いまでも何かの拍子に、それが突然頭に浮かんできたり、口をついて出ることがあります。

また若いときは、研究資料などを読む場合、基本やポイントとなる論文を繰り返し読むだけでなく、その内容をそのままノートに筆写したものです。しかも大事なところや、その意味や本質をなかなか理解することができない箇所については、何度も繰り返し読み、その都度、ノートに写しました。ある本は二十回ぐらい読んだので、その内容を写したノートが二十冊もあります。

このように繰り返し読み、繰り返しノートにとっていると、そこに書かれている内容の本質を理解できるようになります。私が若いときに理解した原理や法則は、その内容が私の頭の中にしみ込んで理解が深く行き届いています。いまでも私は、大学では、ほとんど教科書やノートを見ずに講義を進めます。学生は驚きますが、脳に記憶するというより体に刻み込まれているから、それが可能になるのです。

年齢のせいか、近ごろは多少衰えてきましたが、こうした記憶力のよさも、やはり素読や筆写のような作業を何度も繰り返し行う忍耐力のたまものであり、それが成長や創造への大きな要因となっているのです。継続は力、忍耐はけっしてウソをつきません。

ヘルマン・ヘッセは著書『シッダールタ』（新潮文庫）の中で、若き日のお釈迦《しゃか》さまが遊女カマーラに贈った、「書くことはよい。考えることはよい。賢明さはよい。忍耐はなおよい」という内容を紹介しています。人間の最大の財産は、モノではなく創造力であり、その創造の極意は忍耐にある――私は学生時代に読んだこの言葉をそう解釈して、自分の研究生活の指針にもしてきました。

では、忍耐力をつけるには、どうしたらいいのでしょう。

それはまず第一に、明確な目標をもつことです。はっきりした目標があると、周囲の雑音が気にならなくなり物事に集中できます。集中力は持続力を生んで、おのずと忍耐力が増してくるという効果があります。

第二は、絶対やり遂げるという強い信念、願望をもつこと。第三は、自分のやっていることに自信をもち、計画をきちんと立て、知識を蓄えること。そして第四は、強い意志力や自制心をもつことです。

また、人への思いやりややさしさをもつことも大事です。そうした態度がいつの間にか協力者をふやし、困難な仕事を助けてくれたり、手を貸してくれたりして、それが仕事の持続力をおおいに支えてくれます。周囲へのやさしさは自分の忍耐力を強化してくれるのです。

私は、「忍耐力とは習慣である」と考えています。「習いは性」といいます。つまり習慣となるまで繰り返し行うことで、人の性格は性格として定着し、能力は能力として身についていきます。忍耐力とは、生まれつきの性格というよりも、生活習慣の中でつちかわれていくものなのです。

ですから、自分には忍耐力がないと思う人は、日ごろから、何でもがまん強く行うよう心がけることが大事です。そうするうちに、それが習慣となり、やがてその人の性格となり、能力となっていく。成長したいのなら、物事を繰り返し行える「忍耐という才能」をもつことが重要です。

死ぬまで成長し続ける人

エネルギーの研究に長く携わってきた関係で、私は幸運にも若いときから、多くのすぐれた人物の教えを受けることができました。財界では、中山素平氏、土光敏夫氏や進藤武左衛門氏、平岩外四氏、永倉三郎氏などといった大物たち。

いずれも成長意欲の高い方ばかりで、成長しよう、勉強しようという意欲をもち続けた方々です。私の尊敬する人物は、例外なく「あくなき成長志向」をもっている人だといえます。

中山素平氏には、「海洋温度差発電」における最初の洋上実験を行ったときに資金調達でたいへんお世話になりました。中山氏の、未来を見通す能力、人を信頼することのできる包容力には驚きました。

元東京電力相談役で経団連会長も務めた平岩外四氏は読書家で有名で、その蔵書は三万～四万冊あると聞きます。九州電力の会長を長く務めた永倉三郎氏も無類の勉強家でした。氏とは、年に一、二回ですが、私が会社へ訪ねていくと、私を別室に呼んで、二時間くらいさまざま多岐にわたる話を互いに交わしたり、こちらが教えを請うたりするのが恒例になっていました。

分刻みの多忙のスケジュールを縫ってのことですから、秘書の方は気が気でないらしく、何度も来て、「会長、もうお時間です」と私に早く帰るように目で合図をします。私が腰を浮かすと、そのたびに永倉氏は、「いいから、いいから。心配されるな」と引き留めて、楽しそうに話の続きをされたものです。

会うたびに、「上原さん、この本を読みましたか」とつぎつぎに、いろいろなジャンルの本を取り出してこられます。ときには、むずかしい理系の本などに関しては、これはどういうことですかと私に疑問点をたずねられるのですが、示された本の半分も私は読んでいなくて、じつに冷や汗ものでした。その知識欲の旺盛さ、勉強意欲の貪欲《どんよく》さにはほとほと敬服しました。

土光敏夫氏とは、氏が東芝の社長をされていたときに、東芝の技術指導を頼まれたことが縁で、多くの教えを受けました。

土光氏はその後、経団連の会長となられ、日本の経済成長の礎を築かれました。日本の行政改革に先鞭《せんべん》をつけられ、自らは質素清廉を貫き、「メザシの土光さん」と多くの人から尊敬されていました。

もう二十年以上も前ですが、私は氏が仕事を始める前の早朝の一時間くらいを使って、土光氏に講義をしていた時期があります。エネルギーに関しての話が中心でしたが、氏はいつも熱心に耳を傾け、講義が終わると、三十分くらいたて続けに鋭い質問をされました。

向こうは財界の大物。こっちは田舎《いなか》の大学助教授の身分、しかも息子くらいの年齢の若造ですから、ずいぶん緊張もしました。しかし、氏は終始、私を「先生」として扱われ、講義中は一人の生徒のようにまじめに、熱心に話を聞いておられました。

こうした体験から、私は成長のための重要な条件を学んだのです。それは熱心であること。それからもう一つ、謙虚であることです。

みなさん、私のような年下の人間を相手にしても少しもいばらない。いばるどころか、若い人間の意見だからこそ、しっかりと耳を傾け、それを尊重してやろう、そこから学ぼうという謙虚な姿勢が明らかでした。

本当にすぐれた人、すばらしい人ほどいばらず、むしろへりくだって、若い人や目下の人間から意見を聞き、教えを請われます。偉大な人ほど謙虚さや素直さをもっているものなのです。それに関して思い出すと、懐かしくも胸の痛くなるエピソードがあります。

土光氏と話すとき、私はいつも、「私のような若い者が言うのはおこがましいのですが」という前置きを口癖のように言っていました。するとあるとき、土光氏は私にこうおっしゃいました。

「先生はいつも『私のような若い者が』と言われるが、先生はいくつですか」

私が三十五か六歳くらいのときでしたから、その旨答えると、土光氏は再度、「三十五歳は若いのですか」とたずねられるのです。

私は冗談半分に、「若いと思います、土光さんに比べれば……」と答えました。すると土光氏は、にわかに鋭い目をして、

「先生、それは間違っている。人間は三十歳過ぎたら一人前です。三十歳過ぎて若いなんて言ったらいかん。そう言うということは、わずかながらでも、責任逃れをしたいという気持ちの表れです」

となかば怒りながら、私をいさめられたのです。そして、「いつもあなたは若いから、若いからと言うが、ここで一度、立場の違いや年齢差を忘れ、自分の言いたいことを遠慮

なく、言いたいだけ言ってみなさい」と促されました。そのとき促されて説明したのが、じつは「成長の原理」で、私はそのころすでに、粗削りながら、この原理の骨格を持論として温めていたのです。

私の説明を聞いて土光氏は、「これはすばらしい経営理論だ」とほめてくれました。私がこの理論を本格的に研究してみようと思ったのは、その土光氏の言葉がきっかけだったのです。

水のような素直さが成長をもたらす

土光氏は、若い人が自分に対して遠慮することをいやがり、どんな人とでも対等に接しようと心がけ、つねに謙虚さと素直さをもっておられました。そのことが土光氏をはじめ、すぐれた人物をより「偉く」し、さらに成長させてもいったのだと思います。

けれども私たちはつい、これと反対のことをしがちです。ある中堅企業の幹部が、私の研究会に通ってきて、熱心に「成長の原理」を勉強されていたことがあります。創業社長のもとで、同社の発展を支えてきた能力の高い専務でした。

その専務が社長と経営方針に関して、さまざまな話を交わしているうちに危機感を覚えました。創業社長の言うことが、ひどくひとりよがりで視野も狭く、「成長の原理」に反していることに気づいたからです。

そこで専務は言葉を慎重に選びながら、そういう考えでは会社の将来はおぼつかない、成長のためにはもっと柔軟な視点から、経営をとらえ直すべきだと進言しました。

すると社長は、その言葉を遮って、「何が成長だ。そんなこと、キミに言われなくてもわかっている。私の方針に反対なら会社を辞めよ。それができないならクビだ」と怒鳴り、その後もまったく取りつく島もありません。専務は悩んだ末、会社の将来に期待がもてないと、社長の言うとおり退職しました。

その後、専務は新しい会社を興し、その新会社は順調に伸びて、いまや業界のトップ企業にまでなっています。一方、ワンマン社長の会社は現在はありません。専務の退職後、急に業績を悪化させ、倒産のやむなきにいたったのです。

部下や目下の人間の言うことには聞く耳をもたず、自分の意見を通すことばかりに熱心で、他人から学ぶ謙虚さをもたない人間は、そこで成長がストップしてしまうどころか、後退を余儀なくされてしまうのです。

私と同業の大学教授のなかにも、そういう人がいます。教育というのは双方向性のもので、教師は生徒に教えながら、じつは自分も生徒から学んでいるものです。「教えることは二度学ぶことだ」という格言のとおりです。だから私はよく、周囲の教授たちに、「あなた方は教えているように見えて、じつは学んでいるのです。そのことを忘れちゃいかん」と忠告しています。

しかしそう言うと、「冗談ではない。私は学生から一滴も習ってない」と怒る人がいます。でも、そう言う人の成長はそこ止まりです。人の意見や進言に素直に耳を傾ける、謙虚な姿勢に欠けているからです。

たえず素直な気持ちで人から学び、積極的に吸収して、自分の肥やしにしていく。過ちは謙虚に反省して、次に生かす。こういう態度が相手が年上であろうと年下であろうと変わらない人。そういう人が伸びていくのです。素直が一番などというと、平凡すぎますが、まさにそのとおりなのです。

もちろん、ここでいう素直とは従順とは違います。人に言われるがままに従うのではなく、人の話をじっくり聞き、意見が異なっても、「オレとは違う」とむげに排斥せず、いいところは躊躇《ちゅうちょ》なく吸収して、自分の成長に生かしていく柔軟性のことです。いわば「水」のような素直さです。

水は自在に形を変えて、どんな器にもなじみます。しかしひとたび流れ出せば、自分の進路を求めてやみません。そうして他の汚れを洗い流し、他を動かす力をもつものです。このような、水に似た素直さが、人を成長させるのです。

フランスの箴言家《しんげん》であるラ・ロシュフコーは「弱い人間は素直になれない」といっています。たしかに素直でない人間には、どこか弱さを感じるものです。弱いから相手の言うことを素直に聞けない。逆にいえば、素直な人は自分に自信をもち、強い人なのです。その強さこそ、人間を成長させていくのです。

人間はエネルギーを使うことで進化してきた生物

大学で物理学の勉強を始めたとき、私は、すぐに「エネルギー」という言葉が頻繁に出てくることに気づきました。力学でいえば運動エネルギーや位置エネルギー。熱力学なら熱エネルギー、光学なら光エネルギー。量子力学ではポテンシャルエネルギー……。

そうしてエネルギー漬けになって勉強に没頭するうちに、「エネルギーとは何か」「なぜ人間にエネルギーが必要か」「地球のエネルギーはどこからきたのか」といった根本的なことに疑問をもつようになりました。

このような根本的命題を研究するうちに、エネルギー学のとりこになり、そして「海洋温度差発電」という新しいエネルギーの研究をすることになったのです。

この新エネルギーの研究と実践を通じて世の中の役に立つこと。それが自分の使命だと考えるようになりました。それだけにエネルギーに関しては、誰よりも深く考察を重ねてきたつもりですし、エネルギーと成長の関係についてもずいぶん研究を重ねてきました。

エネルギーは人間にとって不可欠のものであり、「成長の動力」となるものです。

先般のイラク戦争も、石油の奪い合いに原因があるという説があります。エネルギーをわがものにするためには殺し合いまでする。これは過去の戦争をみるとよくわかります。それほど人間にとってエネルギーは大切で、必要欠くべからざるものなのです。

酸素や水、食糧は生命を維持するために欠くことのできないものであり、これは地球上のすべての動物にいえることです。

人間がサルから進化した原因の一つが、「自分が保有する以外の外部エネルギーを利用する術《すべ》を得た」ことであると考えられます。

最初、人類は木や草をエネルギー源として利用していました。やがて石炭や石油を、熱や力学エネルギーに変える技術を開発したのです。もし人間が、外的エネルギーを利用する知恵をもたなかったら文明の発展はなかったし、人間自体がここまで進化、進歩することもなかったでしょう。

したがって文明が発展し、人間が成長すればするほどエネルギーの使用量はふえていきます。エネルギーの使用量と人類の進歩、人間の成長は密接な比例関係にあるのです。

ただし、ここでいう成長とは、単に経済や文明の発達だけを意味しません。文化や教育の発展にもまたエネルギーは必要なのです。

かつて、パラオ共和国の大統領夫人の一行が来日されたとき、私を訪ねてこられました。そのとき、夫人は涙ながらに私に、「一日も早く、パラオに海洋温度差発電所をつくってほしい」と哀願されました。パラオは貧しい国でエネルギーに乏しく、水もない国です。だから電力が慢性的に不足していて、子どもたちは夜、勉強することができないのです。勉強ができなければ、国民の教育水準はいつまでたっても向上しません。

国民の知識や教育水準、能力や文化度を高めるのにもエネルギーが必要なのです。目には見えない「知」の発達にもエネルギーは欠かせません。エネルギーの大切さは、経済や文明の発達だけでなく、文化や教育面の発展にも大きくかかわってくるということです。

ですから私がいうエネルギーとは、単にガソリンを燃焼させて車を動かすような「ハードの動力」と、知性や創造性の増大を促す「知的動力」の両方を含むものです。人間のあらゆる営みや活動に不可欠なもので、それがなくなったら生命ばかりか人間の頭脳の成長も止まってしまう。そんな、人間全体の成長を支え、促す、総合的な動力のことなのです。

これに関連して、私は、ＧＤＰ（国内総生産）は、その国の国民の脳の活性度を示す指標であると考えています。

ＧＤＰは経済の成長度を示す、もっともポピュラーな指標です。その国の国民一人当たりのＧＤＰは、国民一人当たりのエネルギーの使用量に比例することがわかっています。

そのことから、その国の国民が多くのエネルギーを使用すると、その国民の知識や教育度が促進され、その国の経済成長を促進することになるのです。

したがって、ＧＤＰの成長率は国民一人当たりの生産性の向上を表すと同時に、その創造性、すなわち脳細胞の活性度も測定できる指標でもあるのです。

言い換えれば、経済成長している国の国民は、「頭もよくなっている」ともいえます。人間はエネルギーを使うことで能力を高め、頭脳も「成長」させていくのです。

「こまめな節電」が会社を伸ばさない本当の理由

人類がサルから進化した大きな要因は、道具を使った点にあるといわれます。道具を使えるということは、どういうことか。先に指摘したように、自分が保有している以外のエネルギーを有効利用できるということ。それによって自分たちの生活をより快適にできるということです。

テコの原理を使って、一本の棒で自分より重い石を動かす——そのように道具と道具を使いこなす知恵によって、外部エネルギーを効果的に利用しながら人間は生活を進歩させ、文明を築いてきました。また、道具の使い方をより工夫することで、脳をさらに発達させてもきました。エネルギーの利用が人間の脳細胞を活性化し、人間をサルから人類へと進化させる要因になったわけです。

したがって、創造性を発揮して、成長していきたかったら、まずエネルギーを使わなくてはなりません。それをケチったら、創造や成長はおぼつかなくなるのです。

企業でも同じです。節約と称して、必要なエネルギーの使用まで禁止したり、制限してしまう会社をときどき見かけます。経費節減のために職場の事務所、トイレや廊下の照明などを暗いままにしていたりするのです。

しかし私の知るかぎり、こういったたぐいの節約に熱心な会社で大きく業績を伸ばしている会社はありません。

必要なエネルギーまでケチると、たちまち社員の脳の活性化を減退させ、創造性、生産性に影響が出てくるからです。

私が知っているある電子部品メーカーでは、工場や倉庫にまで冷暖房をするのはぜいたくだとして、ずっと設置を控えてきました。暑い夏には、工場や倉庫は蒸し風呂のようになります。その中で社員たちは仕事をしなければなりませんでした。しかし私のアドバイスで、思い切って工場と倉庫にもエアコンをつけたところ、その設置や使用コストを上回る生産性を社員が発揮してくれたのです。

職場を明るく、快適に整えるということは、社員に「心地よい」労働環境を提供することです。その心地よさが社員の脳細胞を活性化し、やる気や創造力を引き出します。したがってエネルギーの適正な使用は成長に必要不可欠なことです。

エネルギーは社員の「仕事をする能力」にほとんど直結していくもの。ムダづかいはいけませんが、必要なエネルギーまでケチってしまったのでは、彼らの成長を妨害してしまうことにもなりかねません。

同じように、広告チラシの裏側をメモ用紙に使ったり、コピーの裏側にまた別のコピーを重ねるような節約も、社員の創造性の発露を邪魔するマイナス効果しかありません。というのも、「コピーの用紙代」と「コピーをとるために費やした時間の価値」とを比較すると、後者のほうがはるかに大きいのです。

このことは、「エネルギーは人間に何を与えてくれているのか」ということを考えればよくわかります。

一日は二十四時間しかありません。このうち、人間が必ず必要とする時間は「食べる時間」「寝る時間」「用便をする時間」です。これらの時間を合わせると、約十時間は必要です。残りは十四時間しかありません。

エネルギーが私たちに与えてくれている「時間」とは、これらの時間を差し引いた、いわば「自由時間」のことです。

昔は食料を確保するために野山に行って木の実を採ったり、動物を狩りに行ったりしていました。そしてそれを料理し、やっと食事にありつくことができたのです。これらに多くの時間を要するため、まったくの「自由時間」はありませんでした。

また、四十年前までマキを焚《た》いて食事をつくっていた当時は、マキは山に採りに行き、玄米を唐臼《からうす》でついて精米していたため、一日のほとんどを食事の準備に費やさなければなりませんでした。しかも夜は電灯もなく、暗くなったら寝る以外に方法がないのです。

しかし、いまはまったく違います。ご飯は電気炊飯器で、スイッチひとつで炊き上がります。それに要する時間はほとんどかかりません。エネルギーを利用することで、私たちの「自由時間」は劇的にふえたのです。

同様のことは、交通機関でもいえます。昔は歩いて買い物に行っていましたが、いまは車があります。車はエネルギーを必要としますが、車を利用すれば買い物に要する時間は大幅に短縮されます。

このことからもわかるように、エネルギーは私たちに「自由時間」を与えてくれるのです。そしてこの「自由時間」をもっとも有効に利用したのが女性です。

昔と比べて断然ふえた「自由時間」のおかげで、女性はテレビを見る時間や新聞を読む時間といった知識を得る機会がふえました。その結果、女性の脳細胞は飛躍的に活性化され、意識や地位の向上をもたらしました。そしてこの女性の意識と地位の向上こそ、社会全体の成長をもたらす大きな原動力となったのです。

エネルギーは人間の知性や創造性の成長を促すものであり、したがって、必要なエネルギーを適正に使うことが人間の物心両面の成長に不可欠なのです。そこから本当の豊かさ、心地よさももたらされてくるのです。

次章では、その心地よさと成長の関係について詳しく述べてみようと思います。

2章

「心地よさ」のあるところに成長は生まれる

企業の利益は「お客さまの心地よさの度合い」

この章では、「心地よさ」が人間や企業の成長にとっていかに大事なものかについて詳しく述べたいと思います。

先述のように、企業が提供すべき付加価値とは、お客さまの心地よさのことです。私たちが商品を買うのは、その商品を通じて心地よさを得たい、満たしたいという心理があるからです。

食料品を買う場合でも、最近は単に価格が安いというだけで買う人はまれです。お客さまはまずその食品が農薬をあまり使わない安全なものであるかを考えます。そして、おいしさや価格を調べます。さらに、その店の店員の接客態度や店の雰囲気といった、さまざまな要素を瞬時に勘案するのです。つまり、その商品が心地よさを与えているとき、その商品を買い、その対価としてお金を払うのです。

したがって企業が利益を得ようと思ったら、何よりそのお客さまの心地よさを満たすべく、商品やサービスにさまざまな工夫をこらさなくてはなりません。それが企業の利益や成長に直結していくのです。

儲《もう》かっている会社は、商品やサービスを通じて、よその会社よりもすぐれた心地よさをお客さまに提供している会社です。さらにうんと儲かっている会社は「よそでは得がたいすばらしい心地よさ」の提供に成功している会社にほかなりません。

企業の成長力や創造性というのはイコール、お客さまの心地よさをつくり出し、それを市場やユーザーに提供していける力なのです。心地よさこそが利益の源泉、成長の基礎となります。

その実例にはこと欠きません。スーパーなどへ行って店内を観察すると、以前よりも通路が広く、棚は低くなっている店が多いことに気づくはずです。

これは、ベビーカーや車椅子のお客さまがふえてきていることに対応して、店側がいち早く、店内の配置やレイアウトを「心地よく」変えているからです。なかには、通路の幅を車椅子二台がすれ違えるまで広げている店も少なくありません。

これから伸びていくのは、こういうお客さまの心地よさを徹底して追求する企業です。また、そうした企業でないと生き残れないし、成長もできないのです。

企業活動を通じて消費者や世の中を心地よくしよう。そういう発想や理念をもった会社だけが成長を遂げられるのです。そんな「心地よさの時代」がやってきているといえます。

たえず進化する「心地よさ」に対応できているか

私の知っているある会社では、製品の不良チェックを厳密に行うために検査部を設けています。しかし、いくら厳重な検査をしても、人間のすることですから、不良品の発生をゼロにすることは不可能です。しかし、仮に一個でも不良品がお客さまの手に渡ったら、その心地よさは台なしになってしまいます。

そんなとき、直接お客さまと接する営業マンはお客さまに謝罪する一方で、不良品を発生させた工場や、それを見落とした検査部に怒鳴り込んできます。そんなことが通例になっていました。

しかし、それだけでは何の解決にもなりません。そこでその会社では、お客さまの心地よさ実現のために「改革」を行いました。製品チェックを検査部に任せきりにせず、もっともお客さまに近いところにいる営業マンも最終チェックをするよう心がけたのです。いわば部門間の壁を取り払って、全社レベルで心地よさ追求の努力をしたわけです。

すると、その体質が社内に浸透するにつれて、不良品の発生は限りなくゼロに近づくとともに、売り上げも急伸して、きびしい不況下にありながら、半年で七〇%も業績が上昇したのです。

企業の業績を伸ばし、会社を成長させるのに、むずかしい経営理論や手法は必ずしも必要ありません。「どうすれば自分の仕事を通じてお客さまに心地よさを与えられるか」。そのことを社長からパート社員にいたるまで全員で考え、実践していくことが大切なのです。先述のように「構成員の創造性の総和」が企業の利益になり、成長力となるからです。

まして、最近の消費者が心地よさを求める度合いはものすごく高度化、多様化しています。商品を買うのでも、それがもつ物質的な機能だけではとうてい満足しません。ミカンだって、少しすっぱくても安ければいいという人はもう少数派で、多少高くてもいいから、甘くて見かけのいいものを、有機栽培でつくられた安全でおいしく食べられるものを——といったように、求める心地よさは高度化しています。

衣類などはその典型で、冬のコートにしても、寒さがしのげればそれでいいという時代はとっくに過去のもの。いまは色、デザイン、生地、さらには流行、ブランド価値など、心地よさを構成する要素は、どんどん多様化し、また洗練されています。どれだけ高いレベルで自分の心地よさを満たしてくれるか。それが最大の購買動機となっているのです。

お客さまの、心地よさを求める度合いはたえず進化しています。したがって企業も、より高度な快適さや満足度を、商品やサービスを通じて市場に提供していかなくては利益は上がらないし、成長し続けることもできません。

「いいものさえつくっていればそれでいい。あとは黙っていてもお客さんが評価してくれる」。こういうやり方が逆に注目されたり、人気を呼ぶこともありますが、それはまれな例で、現在のような高度資本主義、物余りの時代には、いい商品さえつくっていれば必ず売れるというのは、すでに過去の夢になっています。

いいものをつくるだけでなく、製品の周辺を取り巻く付加価値、すなわちサービスや情報といったソフト面での心地よさも高めていかなくてはダメなのです。つまり、商品の価値は、

「商品の価値＝製品の価値×サービスの価値×情報の価値」

という方程式で表されるのです。すなわち、ある商品の付加価値は、そのものの機能や質のよさ、それを売るときのサービスのよさ、宣伝や流行などの情報価値の高さという三つの要素の掛け算によってはじき出されます。製品、サービス、情報の三要素がそろって初めて、お客さまの心地よさは満たされるのです。

とりわけ、サービスや情報が商品価値に占める比重はどんどん高くなっていて、私の受ける感じでは、いまの消費者は購買動機の六割はサービスや情報に基づいているように思えます。製品そのものの価値は四割くらい。したがって、いくらいい品ぞろえをしていて

も、店員の対応やマナー、店の雰囲気などが悪ければ、「心地よくない」ので買わない——となってしまうのです。

欲しいものが手に入るのならどこで買ってもいいのではなく、どこでも手に入るのだから、サービスのいいところで買う。「心地よさ」というソフトが何よりも重視されているのです。

心地よさを追求すれば利益はあとからついてくる

以前は、いばる、不親切、無愛想が定番だった病院でも、最近はサービス競争が始まっています。診断を終えて帰ろうとすると、医者が「また、お待ちしています」とは言いませんが、「ありがとうございました。お大事に」と声をかけてくれる場面もめずらしくなくなりました。銀行や役所も同様です。

サービス不在といわれた組織でさえ、サービスなしでは生き残れない。それだけ「心地よさ」という価値が重視される時代になってきているのです。

たとえばパソコンにしても、機能や性能はどの機種でもほとんど変わりません。すると何を基準に選ぶか。アフターサービスのよさなどが筆頭にあげられるようになっています。それが悪いと、さっさと下取りに出して、別の機種に買い替えるという消費行動をとる人が多いのです。

サービスとは利用者や消費者に心地よさを与える行為のことです。したがって、つくる側、売る側はユーザーがどこに心地よさをおいているかを見抜き、それに過不足なく対応することで、より高いサービス価値を創造する努力をしなくてはなりません。

情報価値も同じです。情報化時代に宣伝や広告の効果を疑う人はいないでしょうが、この情報価値のうちで、大きな比重を占めるものにブランド価値があります。ルイ・ヴィトンや、エルメス、グッチなど、その名前だけで売れる例も数多くあります。ブランドがそのままステータスとなって、それをもつだけで利用者は心地よくなれるのです。

私の地元の佐賀県は焼き物で有名ですが、とりわけ有田町の窯元「柿右衛門《かきえもん》」や「今右衛門《いまえもん》」はもはや世界的なブランドとなっています。私も東京や大阪からの来客を、地元の有名な窯元に案内することが多いのですが、その人たちが柿右衛門の窯の前で見せる反応は格別なものです。

「本物の柿右衛門を見た」と感激や満足感を全身で表し、購入したときには、「ついに柿右衛門を手に入れた」と湯飲み茶碗《ぢやわん》一つでも宝物のように抱きかかえます。これはいうまでもなく柿右衛門のもつ製品としての完成度と、それにもまして、その世界的なブランド力＝情報価値が購入者に無類の心地よさを与えるからにほかなりません。

このように心地よさは、製品の価値以上に、サービスや情報価値によって形成されます。だから企業は、より多角的な面からお客さまの心地よさを追求しなくてはならないのです。それが成長のもっとも重要なカギとなってくるのです。

なかには心地よさなどきれいごとにすぎないという人もいるかもしれません。しかし利益至上、コスト追求だけで、長期的な成長を遂げる企業はじつはほとんどありません。

利益追求やコスト削減だけを目的とする企業活動は、内向きで自己中心型にならざるをえず、そのような姿勢は結局、自分たちの心地よさ優先で、肝心のお客さまの心地よさ軽視につながるのです。それが短期的に利益を生んでも、長期的にはお客さまの「心地悪さ」に通じて、自分たちの首を絞めてしまうことになります。

心地よさを軽視、もしくは無視していては成長はできません。たとえ成長しても長続きしません。

このことは食品メーカーの偽装表示や自動車会社の虚偽報告問題を見ても明らかです。消費者の心地よさよりも、自分たちの利益確保のためにウソまでつく。それがその会社にどんな結果をもたらしたか。結局、成長どころか窮地に追い込まれてしまうのです。

本や雑誌などでも、人のスキャンダル記事で一時的に売り上げを伸ばしても長続きはしません。読む側がけっして心地よくないからです。中国野菜の売り上げも、農薬の問題が明らかになってからはグンと落ちています。いくら安くても、ものめずらしくても、体や健康に悪く、心地よくなければ消費者はソッポを向いてしまうのです。

成長したかったら、何よりお客さまの心地よさ優先の活動をしなくてはなりません。それが遠回りに見えて、じつは成長へのいちばんの近道なのです。

お客さまと世の中の心地よさに貢献する――その、一見きれいごとにも見える目標を、企業活動の中心理念に据えてたえず実践していく。すると利益はそのあとから自然についてくるのです。

総務部や人事部における「心地よさ」の創造性

しかし、企業の場合、お客さまの心地よさを実現するためには、開発や生産、あるいは営業や広報など、製品や顧客に直接関係する部門だけがその努力をしてもダメです。総務や人事といった非営利部門もひっくるめて、すべての部門のあらゆる人間が創造性を発揮して、企業全体でお客さまの心地よさをつくり出していかなくてはいけません。

総務部には総務部の、経理部には経理部の創造性があり、それぞれが心地よさを追求しなくてはならないのです。こういうと、「総務部や経理部の創造性？」と首をひねる人は少なくありません。

私が経営指導している会社でも、「総務部の創造性といっても、いったい何をしたらいいのですか」と当の総務部長から質問されたことがありました。そのとき私は、少しきびしい口調で次のようなことを述べました。

「今日この会社へうかがったとき、守衛さんに社長室の場所をたずねましたが、その対応はあまり親切とはいえませんでした。また、玄関の横には台車やら荷物やらがいっぱい置いてあって、じつに通りにくい。これではまるでお客に来るなといわんばかりです。そして廊下は薄暗く、エレベーターは汚れていて、応接室のソファもお世辞にもきれいとはいえません。おまけに出されたお茶も明らかに出がらしではありませんか。……こういうことを改善するのも総務部の役目であり、あなた方の創造性はそのために発揮されなくてはならないのです」

つまり、社員が心地よく働けるよう、あるいは来客や取引先に不快感を与えないように職場の環境を整備すること。それが総務部の重要な役割の一つなのです。そうして職場環境を整えることが社員に心地よさを与え、彼らが存分にその力を発揮するための手助けとなる。そのことがめぐりめぐってお客さまの心地よさにもつながり、会社の利益や成長にも通じていくのです。

お客さまの心地よさは企業全体で創出していくべき問題であり、そのために総務部や人事部などの間接部門は、何よりまず「社員の心地よさ」を実現する努力をしなくてはなりません。それは間接的に見えて、じつは企業の利益や成長に直接かかわってくることでもあるのです。

たとえば、私の研究会のメンバーであるM社では、総務部が中年のおじさん社員ばかりなので、一人若い人材を雇いたいと考えていました。そこで私は、若い女性を採用しなさい、それもとびきりの美人をとアドバイスしました。すると、そこの社長は本当に「ミス桜まつり」に選ばれた女性を採用したのです。

するとそれが地元の話題になり、若い人がなかなか入ってこない会社だったのですが、それを機に何十人もの若者が応募してきたのです。そして業績もグングン伸び始め、やがて売り上げは二倍、経常利益はなんと以前の三十倍にまで伸びたのです。

ウソのような話ですがこれは実話で、社員の心地よさをつくり出すと、社員にやる気を起こさせ、企業を成長させることがおわかりになると思います。

ある会社は社屋の色をグレーから明るいクリーム色に塗り替え、事務所や工場の照明も明るくしました。そうしたら五億〜六億円だった年商がやがて二十億円を超えるまでになった。そんな会社もあります。

また、ビデオレンタル事業を展開しているF社。その会議室にはベビーベッドが置いてあります。女子社員やパートの女性店員のなかには小さな子どもをもつ人もいて、なかなか安心して仕事に打ち込めない。それを聞いた社長が、彼女たちが安心して気持ちよく働いてくれるのなら会議室が託児所になってもまったくかまわないと、そこにベビーベッドを置くようになったのです。

以来、子連れで出勤する社員の数はグンとふえ、会議室で子どもを寝かせてから店に出るので安心して働くことができ、仕事の能率も上がる。さらに休みの日にも、ここのほうが子どもが喜ぶと店に出てきて、子どもを会議室で遊ばせながら、ついでに店の仕事も手伝ってくれる。そんなパート社員も現れてきたそうです。

こういう社員の心地よさに敏感な会社は伸びます。実際、F社の売り上げは倍々ゲームに近い規模で伸び、事業展開もすこぶる好調です。

企業の成長度が「受付」で測られるその理由

こう書いてくると重要なことがはっきりしてくると思います。つまり心地よさというのは企業全体で追求しなければならないものなのです。またそれは、ただ単に製品やサービスにだけかかわるものではありません。

顧客への接客態度をはじめ、社内の環境や職場の雰囲気、上司と部下の関係、社員同士のコミュニケーションなど、収益には直接関係ない部分まで含めた、すべての企業活動のあらゆる要素が、お客さまの心地よさにつながってくるということです。

私はこのことを「インターフェース創造論」と呼んでいます。インターフェースとはコンピュータ本体と周辺機器の接続部分、あるいはコンピュータと人間の接点を指す用語ですが、本来は「異なる性質の物が結びつく接点」という意味です。

ここでは、企業活動における人と人との間、物と物の間、システムとシステムの間、あるいは人と物、人とシステムの間を結びつける接点のことです。具体的には、商品とお客さまの接点、お客さまと社員の接点。さらには社内の部門間の接点、社員同士の接点、上司と部下の接点などを指します。「インターフェース創造論」は、それらの「つながり度」

といってもいいでしょう。

そのインターフェースがスムーズに機能している会社は、お客さまに対する「対外的な心地よさ」も十分に実現でき、成長力も高い会社であるといえます。逆に社内のインターフェースがうまくいっていない会社は、社外への心地よさの創出にも失敗していることが多いのです。

たとえばメーカーに商品に関する質問の電話をかけたとします。電話の係が出て広報係につないでくれます。話が専門的になれば担当の部署に代わります。インターフェースがいい会社は、適切な解答をします。逆にインターフェースが悪い会社は、部門間の連絡がうまくとれていなくて、それぞれが責任逃れをしたりすることがあります。いわゆる電話の「たらい回し」をするのです。これではお客さまに不快感を与えてしまいます。そして、その会社へのイメージを悪くします。それがひいては売り上げの減少につながるのです。

このように、社員一人ひとりの能力（創造性）は高くても、それぞれの連携やコミュニケーション、つまり接点における「つながり度」が低いと、組織としての創造力は十分に発揮できません。

言い換えれば、企業の創造性には構成員や各部門が固有に有している創造性の他にも、それらの連携やつながりのよしあしがもたらすインターフェースの創造性が、企業の成長力、心地よさの創出力に大きくかかわってくるのです。社内インターフェースのいい会社は、お客さまも心地よさを感じられる会社であり、成長力も十分な会社だといえます。

このインターフェースの重要性に気づいていない人は意外に多いのです。社員は優秀な人材がそろい、部門のシステムもきちんと整えながら、どうも利益が思うように上がらない例があります。

その原因を探ってみると、たいていは営業部と生産部の連携がうまくいっていないとか、部門間の情報交換が不足しているとか、製品を手渡すときの申し送りがいい加減なため、運送にやたらと時間がかかっているといったケースが多いのです。

とくに人と人とのインターフェースは重要です。たとえば企業におけるインターフェースの最先端は営業マンですが、どんなすぐれた商品を売ろうとしても、営業マンの売り方がよくなかったり、顧客との相性が悪かったりすると売れません。

複数の営業マンが同じような商品を同じ価格でセールスに来たら、私たちはおそらく、売り込む人の「感じのよさ」で購入先を決めるはずです。営業は人と人との間で行われる行為ですから、お客さまへの好感度とか密着度といったインターフェースのよしあしがおおいにものをいうのです。

つまりインターフェースの心地よさが商品価値を高め、業績を向上させるのです。

企業の成長度は受付でわかるというのが私の持論です。それは、顧客がまっ先に接する会社のインターフェースが受付であるからです。

受付の応対がよくなければ、扱っている商品までよくないもののように思えてきます。受付の応対が感じよく、心地よいものであれば、企業全体の好感度が上がって、そこの商品も間違いないものに思えてくるものなのです。

事実、受付での対応がとてもていねいで、きびきびと感じがよかったので、「この会社の製品なら安心して買える」と、それまで取引契約をしぶっていた重役が判を押したという実例もあります。この会社はこの十年で売り上げを約三倍に伸ばし、いまも順調に成長を続けています。

「接点」のなめらかさが心地よさに通じる

いってみれば、インターフェースとはタイルの目地のようなものです。目地はタイルとタイルをつなぐ「のり」のようなものですが、単なるすき間や区切り目ではなく、タイル同士をつなげ、そのつながりを強化して、全体を構築する大事な役目を果たすものです。

目地がいい加減だったり、つながりが弱ければ、いくらタイル自体がいいものであっても全体の強度は落ちてしまいます。いや、そもそもタイルを張ることができません。インターフェースという目地が弱い会社は、会社の体《てい》をなしていないともいえます。

また、人とシステムのインターフェースも重要です。この好例がトヨタのかんばん方式で、ご存じのように、在庫をもたない管理システムによって生産性を大幅にアップし、いまでは郵便局までがその方式を取り入れようとしているすぐれた仕組みです。

逆にいえば、部品や製品の運搬や搬送におけるインターフェースが悪いと、それだけでもう致命的に近いほどの生産性が落ちてしまう。しかもシステムそのものは目に見える部分が多く、欠点を見つけやすいのですが、その接点となると目に見えないことが多いので、どこが悪いのか、現場や幹部にわかりにくいところがよけいにやっかいなのです。

それについてはこんな実例があります。

ある服装の縫製メーカーでは、売り上げは順調に推移しているのに、そのわりに利益が上がらないという状態にありました。何が原因なのか経営陣にもよくわからない。そこの社長が私のところに来て、「一度工場を見てください」と依頼されたので、工場に出向きました。

私はまず一着のスーツをつくるそれぞれの工程にどれぐらい時間がかっているのかをス

トップウォッチで計ってみました。

すると、反物（服の生地）を裁断機械に運び込むまでの時間にムダがあることがわかったのです。数秒程度の遅れですが、機械化が進んで、いまはスーツ一着を縫製するのにそれほど時間がかかりません。そこではわずか一秒の遅れでも、ほとんど致命的なほどの生産性の低下につながってしまうのです。

なぜ、裁断ラインへの運搬に時間がかかるのか。その理由は簡単でした。裁断場が反物が置いてある倉庫とは反対側になるように、ラインが構成されていたのです。

従業員が反物を裁断場へ運び込むのにわざわざ遠回りをしなくてはなりませんでした。そのため、玄関口に置いた荷物を勝手口から入れるようなムダが生じていたのです。

私のアドバイスはただ一つ。裁断ラインの向きを逆にせよということでした。そうすれば最短距離で反物を裁断場へ運び込むことができるのです。そして、ただそれだけの改善で生産性は見違えるように上がり、利益も目に見えて向上していったのです。

このように、現在の設備や人員を大幅に変えなくとも、システムと人、システムとシステムのインターフェースを工夫するだけで業績が上がるのです。そういうことは企業の中を見渡せばたくさんあるのです。

高校野球などで、攻撃と守備の交代のときに、選手が守備位置とベンチの間を全力疾走するよう「しつけられている」学校をときどき見かけます。あれもインターフェースがすぐれていることの一例といえます。

会社も同じで、いい会社、儲かっている会社というのは人の移動にもムダがなく、会議に遅刻してくるような社員は一人もいません。そういうインターフェースのいい会社――連絡やアクセスにおけるムダが極力省かれている会社――は、当然ながら仕事の中身も濃く、業績も伸び、顧客や関係者にも心地よさを与えている会社なのです。

また、製品のインターフェースというのもあります。たとえば家電製品とか車といった成熟化の進んだ商品では、とりわけインターフェースが大事になってきます。機能や価格ではすでに差別化がむずかしいほど成熟した商品では、その包装や容器のデザイン、ネーミングなどの「外見」によって付加価値を増す戦略をとらざるをえません。

車の場合、ボディの形や色、あるいは装備オプションの付加などのマイナーチェンジによってユーザーの購買意欲や買い替え意欲を刺激します。ビールの味はそれほど変わっていないのに、ラベルを「秋向け」に張り替えて売り上げアップを図っている会社もあります。こういうのは製品とお客さまの間に、それまではなかった新しいインターフェースを創造することで、より洗練された心地よさを演出し、それを成長につなげていこうという方法論といえます。

つまり、対顧客、対マーケット、対社員など、社の内外を問わない、すべての企業活動における「接点」。その接点で心地よさを演出、実現することが成長への大きな動力となる――これが私のいうインターフェース創造論なのです。

心地よさの演出には経費を惜しまない

接点の心地よさが大事なのは企業ばかりではありません。私たち個人においても同様です。たとえば仕事のできる人は、連絡においてもスピーディでムダがありません。約束の時間に遅れないのはもちろん、打ち合わせの終わりの時間もきちんと守る。それでいて、というか、だからこそ、その内容はきわめてムダがなく中身も濃い。接点にこそ、そのものの本質が明確に投影されるのです。

この意味で、個人間のインターフェースでまず気を使うべきことは服装です。前にもいいましたが、服装は本来、自分の心地よさだけを満たすために着るものではありません。相手に不快感を与えないため、相手の心地よさを損なわないために着るものなのです。

「人間は中身だ」と自分の外見に頓着《とんじやく》しない人がいますが、外見が中身をつくり、価値を規定することもあるのです。すなわち服装という接点に本質が表れているのです。見た目で人間の器量はかなり正確に測れるものなのです。

だから私は学生相手の講義にもスーツを着ていきます。学生は私の講義を聴きながら私の全人格に接しているといえます。そのインターフェースをいい加減にすることは、私がいい加減な人間であることを示してしまうことになるのです。

汚れた服を着ていれば相手に不快感を与えるし、しょぼくれた格好をしていれば、不景気なイメージを与えてしまいます。けっして見栄や虚栄ではなく、相手の心地よさのために、私たちは服装や外見というインターフェースにも気を使うべきなのです。

ちなみに私は若いときから、高いスーツをオーダーメードしてきました。給料の一カ月分くらいの値段のスーツをつくったこともあります。これは身分不相応なぜいたくのように見えますが、そうではありません。いいものは長持ちするからです。

その証拠に、三十年も前につくったスーツを、私はいまでも着ています。デザインや色などは少し現代的ではありませんが、そのスーツを着ていくと、秘書や学生たちは「いいスーツですね」と言ってくれます。私が「これは三十年前につくったスーツだよ」と言うと、みなびっくりします。

それほどグレードの高いものの〝寿命〟は長いのです。だから長期的な投資という視点から見ても、いいものを買うことは――「安物買いの銭失い」の逆で――採算の合うリーズナブルな行為といえます。

このことを言い換えれば、心地よさの演出には経費を惜しんではいけないということになります。いい仕事をしようと思ったら、多少のムダは必要になると割り切ることです。清貧の思想は成長を止めるといいましたが、むやみに節約ばかりをいう会社で伸びている会社はほとんどありません。

それが必要なものなら、その費用はケチらず、いいもの、高いものを買えばいいのです。実験や研究道具でも、私は学生に「いちばんいいものを買いなさい」と言っています。それが成長のよきインセンティブになるからです。それで多少のムダが出たとしても、成長度がそれを補って余りあればいい。トータルで「黒字」になればいいのです。

本でも、読みたい本や必要な本があるのに、そのお金を惜しんで図書館で借りようとしたり、古本屋に出回るのを待っているような人がいますが、私は賛成できません。欲しい本、必要な本は自腹を切って買うべきで、そのお金を惜しむべきではありません。

それが自分を成長させるための必要コストだからです。借り物から得た知識は身につきにくいが、自前のものは、とことん活用しなければ損だという気持ちも手伝って、一生懸命に咀嚼《そしゃく》しようと努力するからです。

お金もそうです。お金というのはためることでふえますが、使うことでもっとふえる性質をもっています。本当のお金持ちというのは、ため方よりも使い方に長《た》けているものです。

つまり、いかにうまく使うかでお金は効果的にふえていくのです。また、お金の使い方にこそ、その人の人格が顕著に表れるといいますから、それが必要なお金なら惜しまず投資することです。それが人を創造的にし、成長に導く要因ともなるのです。

適度の緊張感と脳の活性化を生む「心地よさ」

人間は心地よさを求めて動く動物です。貧しい時代には、値段が安いことがもっとも「心地よい」ことでした。購買動機の第一位は価格だったのです。しかし、いまはそうではありません。値段が高くても高級なものを買う。普通の茶碗で間に合うところを、わざわざ「今右衛門」の茶碗を買うのは、そのほうが心地よさの度合いが高いからです。

私たちの行動は豊かになるにつれて、求める心地よさの度合いも高くなっていくのです。これはもちろん、消費者の行動だけにかぎりません。会社で働く社員も同じです。

つまりお客さまの心地よさを実現したいなら、その会社で働く人間の心地よさも追求しなくてはなりません。働く社員が心地よくなければ、その会社はお客さまに心地よさを与えることはできないのです。

私は、お客さまを心地よくさせられる会社とは何よりもまず、経営者自身が心地よい状況にいること。それから、社員も心地よく働ける会社であることだと考えています。つまり自分たちが心地よくなければ、人を心地よくすることなどできないということです。

むろん、この働く人間の心地よさというのは、社員にとって「楽である」ということではありません。「バカが仲よくしている会社はつぶれる」と辛辣《しんらつ》なことを言った人がいますが、これはまさに的を射た言葉です。互いの切磋琢磨《せっさたくま》がない、ぬるま湯につかったような仲よしクラブと化した企業は成長することなど不可能なのです。

会社の心地よさとは、社員の脳細胞の活性化を促すものでなくてはなりません。すなわち社員に明確な目標があり、適度な緊張感を感じさせると同時に、のびのびと明るく積極的な社風。そういう環境が必要なのです。

いってみれば、「明るくて前向きな緊張感」のある環境をつくり出すことが大切で、そのためには、たとえば上からの指示の出し方にしても、「こうしろ」「こうしなければダメだ」という押しつけ型ではなく、「こうしてみたらどうだろう」「こうしようじゃないか」

という提案型の風土をつくり出すことが必要になってきます。

経営者のなかに、「うちの社員は言われたことをやるだけで、自分で考えようとしない」と嘆く人がいます。これはたいてい、ほかならぬ社長自身が、ふだんから押しつけ型や命令型の言動によって、社員の自主性や問題提案力を奪っていることに起因していることが多いものです。

「世に材なきを憂えず、その材を用いざるを憂う」（吉田松陰）で、リーダーは、人材がもてる能力を存分に発揮できる環境をつくることに最大の役割があるといえます。そのためには、欠点を是正する減点法ではなく、長所を伸ばす加点法で部下に接しなくてはなりません。

部下を一つの鋳型にはめる画一《かくいつ》的な「教育」ではなく、それぞれの能力や個性に沿って育てる「育成」を心がけることが肝要なのです。

私が薫陶《くんとう》を受けた土光敏夫氏の言葉に、「松の木は松の木に育てよ」というのがあります。これは味わい深い言葉で、つまり自分に合わせて人を育てるな、人に合わせて人を育てよ。松を梅のように育ててはいけないということです。

そのようなリーダーとのすぐれたインターフェースが部下を心地よくし、適度に緊張もさせて、彼らの脳細胞を活性化させることができる。その結果、会社全体の創造性がおおいに高まるのです。

女性の心地よさに鈍感な男は成長しない

会社でリーダーが社員を心地よく働けるよう努めるのは、家庭内で旦那《だんな》さんが奥さんを心地よくすることにも通じます。そこで少し余談めきますが、夫婦間、家庭内のインターフェースについてもふれておきましょう。

女性が髪型を変えたり、新しい洋服を着ていることにまったく気づかず、この人はなんて鈍感なのと女性の機嫌を損ねてしまうことがあります。こういう男性は多いようです。奥さんが新しい服を買ってきたときに、そうと気づいていながら、「似合いもしない服を買いやがって……」といったこれみよがしの態度をとる男性も少なくありません。

「ねえ、あなた、見て。似合うかしら」

そう奥さんがうれしそうに鏡の前に立っているのに、それをチラリと一瞥《いちべつ》して、「ふん、けっこうなご身分だな。こっちは毎日仕事仕事でくたくただ。背広もネクタイもよれよれにくたびれてるというのに」——そんなふうにケチばかりつけるのです。

これはよくありません。奥さんを心地よくするために、とってはいけない態度、言ってはいけない言葉です。

「ほう、いいね。よく似合うよ」

そう言ってやれば、それだけで奥さんの機嫌はよくなるし、心地よくもなる。夫婦円満、家庭がうまくいくコツです。

夫婦円満は、人の心地よさをつくり出す、もっとも基本的なことです。そのために私は、奥さんに「昼寝」をさせることをすすめています。

というのは、専業主婦をしている奥さんは、表向きはどうであれ、内心では、一生懸命外で働いてくれる旦那さんに感謝もしていれば、あの人だけを働かせているという心苦しさや心理的な負い目のようなものを抱いているものなのです。人の稼ぎで、自分は三食昼寝つき、そういう心理的負担がひそかにストレスになっている奥さんも少なくありません。

だからまず、旦那さんのほうから、「毎日の家事もたいへんだろうから（実際、意外なくらいの重労働でも、評価されにくい家事の心身への負担はとても大きいものです）、昼寝の時間くらいは心おきなく十分とれよ」と言って、奥さんの心理的負担を取り除いてあげるのがいいのです。

すると奥さんは心地よさを覚え、実際に昼寝をしていれば疲れもとれて、帰ってくる亭主を機嫌よく迎えることができる。それで夫婦の歯車はびっくりするくらいなめらかに回り出すものなのです。

これを私は思いつきでいっているのではなく、自分でも実践しています。

私は結婚式に招かれてスピーチをするとき、「三つのネル」という話をします。

「三つのネル」とは、一つは「練る」。夫婦は思考を練るべしということです。知識をふやし、考えを深める。それが人を成長させる必要条件であるからです。

二つ目も「練る」ですが、こちらは「鍛錬」の練る。体を鍛えよ、健康に留意せよということです。そして三つ目が「寝る」。亭主は一生懸命働き、家事を奥さんに押しつけるばかりでなく、彼女に昼寝もすすめて、女房をゆっくり休めてやる思いやりと度量をもちなさい、それが夫婦円満の秘訣《ひけつ》です、と。ちなみに三つ目の寝るにもう一つの意味のネルも加えて四ネルでもいい……。

こんなことをいうと、とくに女性に大受けで、先生、それをうちの亭主にも言ってやってくださいと喜んでくれます。冗談のように聞こえるかもしれませんが、つまりは、そういうちょっとした心地よさをつくり出す行為、小さな気づかい、心配りが夫婦関係や家庭をうまく築いていく大きな要因となるということです。

そんなのは些細《ささい》なことだというなかれ。前も述べましたが、人生は小さいことの積み重ね。小さなことをおろそかにする人は大きく成長できないのです。

1章で述べたように、私は戦後の経済成長は、女性が昼寝をし、テレビを見るようになったから成し遂げられたと考えています。けっして男たちが一生懸命働いたからばかりではないのです。

事実、女性を心地よくする商品は売れるのです。これはもう高度資本主義経済における定説です。女性に受けなければ売れない。同様に女性を心地よくできる男性は伸びるが、女性の心地よさに鈍感な男の成長カーブは鈍い――これも私の持論です。

成長の限界点は危機ではなくチャンスである

さて、これまで心地よさと成長の関係について述べてきましたが、成長するものには必ず限界がやってきます。それはすべての成長物に共通の「宿命」で、どんなものでもずっと右肩上がりで成長を続けられるものはありません。成長過程をたどるあらゆるものには限界があるのです。

これが「成長の原理」の第二の原理である「成長限界の原理」です。どんなヒット商品でも無限に売り上げが伸び続けることはありえません。いつか成長カーブが止まって、その限界点を境《さかい》に頭打ちの状態になって、ゆるやかな増減を繰り返すことになります。

国や企業もそうで、栄えた国が必ず衰退するのは歴史が教えるところです。企業にも「企業三十年説」があり、少なくとも一つの事業が永久に伸び続けることはありえません。企業は適切な事業の多角化、他分野への進出などによって、初めて生き残ることができるのです。

どんなものにも成長の限界は必ず訪れる――しかしこの事実を悲観的にとらえる必要はありません。肝心なのは、限界があると知って、その限界点がいつやってくるのかを見極めることです。

そうすればその限界点のくるまえに新たな方法論を導入したり、さらなる努力を重ねることができ、それによって限界点を超え、再び成長曲線を描くことが可能になるのです。

携帯電話ほど急成長した商品はまれです。成長が早ければそれだけ限界点に達するのも早く、「携帯電話市場はもう飽和状態。これ以上は伸びない」と一時期さかんに指摘されました。しかしその限界を、メール機能や着メロ機能、あるいはカメラやテレビ機能つきなど、新機種の開発で、買い替え需要を掘り起こすことによって突破しました。そして市場をいままた再成長カーブへ乗せることに成功しています。

つまり、努力しだいで限界を突破し、さらなる再成長が可能になるのです。

したがって肝心なのは、限界の到来を引き延ばそうとする後ろ向きの努力よりは、それがいつやってくるかという見極めと、それをどう乗り越えていくかという前向きな努力のほうです。限界を危機として恐れるのではなく、それを次の成長へのチャンスとして活用することです。

ちなみにフランチャイズ事業などには、この限界点が見極めにくいという「怖さ」が潜んでいるから要注意です。

フランチャイズとはいわば、一つの成功パターンを同じ規格とノウハウで増殖させていくやり方ですから、そのぶん事業展開としては「楽」です。しかし、まさにそのために成長限界点を見すごしやすいという欠点もつきまとうのです。

すなわち人口や商圏から見て、店舗数が飽和状態になっているのにもかかわらず、同じ成功体験を繰り返すことで、つい店舗をつくりすぎてしまいやすいのです。その結果、同じチェーン店同士でお客を食い合い、互いに売り上げを減らしてしまうということにもなりかねません。

このことからも限界突破のためには、限界点の適正な見極めと、それを再成長のチャンスとして活用する積極的な姿勢が重要であることがわかると思います。いままでの成功体験にこだわることなく、別の視点や新しい手法を導入することで再成長への手がかりをつかむことが大切です。限界点とは、再編成のためのステップと考えればいいのです。

私が「海洋温度差発電」という新しい研究を始めたのは一九七〇年ごろですが、「一九八〇年代に入ると、石油主体のエネルギーは限界に達するだろう」と予想したからです。そして、その限界を「機会」としてとらえ、石油に代わりうる新しい代替エネルギーはないかと発想したことが出発点になりました。

私自身も、この研究によって約二百にも及ぶ論文を発表することができ、何より学者として大きく成長できたと思っています。つまり一つの成長の限界をテコにして、人や企業はさらに成長を遂げることができるのです。

そこで、成長限界をクリアし再成長を遂げるためには、なぜ限界がくるのか、いつ限界がくるのか、どうやってその時期を知ればいいのか、といった点が重要になってきます。

成長の限界を突破し、伸び続けるための心がまえ

まず、なぜ限界がくるのかという理由ですが、これは外的条件と内的条件の二つに大別

されます。外的な条件や環境にそぐわなくなったために成長が止まってしまう場合と、成長物自らが内的な成長意欲を失ってしまう場合の二つです。

　前者の外的条件というのは、たとえばテレビという新しい映像物が映画産業にとっては「外的条件」になります。そのとき、映画産業の体質が「内的条件」です。テレビという外的条件の出現に映画産業の体質が対応できなかったために、斜陽化したのです。

　デジタル社会についていけない中高年などには耳の痛い話かもしれませんが、成長の限界は、じつは後者の内的条件によってもたらされる場合がとても多いのです。「デジタル社会」が中高年にとっての外的条件で、その人自身の姿勢や能力が「内的条件」です。

　つまり、成長物そのものが成長への意欲を失ってしまうケース。所期の目標を達成して、「これでいい」などと満足感を覚えたとき、人や企業の成長力にはてきめんにブレーキがかかってしまうものなのです。

「この不景気の中、五十億円の売上目標に届くことができた。十分じゃないか、合格点をやれる。もうこれ以上成長させなくてもいい」――そう自分で自分に満足したとたん、その企業や経営者の成長は限界に達してしまうというのはお話ししたとおりです。

　成長物自らの成長意欲が薄れたり消失した時点がイコール、その成長物の限界点となるからです。

言い換えれば、成長とは、環境よりも意欲の問題で、その人や企業がもういいと思ったら成長もそれまでだし、もっと伸びたいと思えば、環境の変化などの外的条件を超えて、さらに成長していけるものなのです。

「なおよくする」ための手立てをひたすら考えること、それがすなわち仕事です。なおよくする、さらに伸びるために現状に満足せず、一つ目標を達成したら、より高い次の目標を自分に課して、明日からまた成長、改善の努力をする。

そのあくなき成長志向こそが、必ずやってくる成長限界をブレークスルーする最大の要素となるのです。

成長限界はいつ訪れるかという問題ですが、そのシグナルとして、古いやり方へのこだわり、新鮮な目標の欠如、積極性の消失、批判に対する抑圧……そうしたものが目立つようになったら、その企業は成長限界に近づいているとする考え方があります（『企業成長の哲学』Ｆ・Ｒ・カッペル著、ダイヤモンド社）。これも一つの有効な目安といえましょう。

あるいは、「社員の平均年齢が三十歳を超え、本業比率が七〇％を超える」企業は成長の限界を迎えるという説もあります（『続会社の寿命』日経ビジネス編）。これは多くの事例から帰納的に導き出された「法則」で、これまた興味深い事実です。

要するに、同一の事業ばかりを長く続けていると、企業内部の体質が硬直化して、企業を取り巻く外部環境と合わなくなったり、合わなくなっていることに気づきにくくなるものです。それが危機や限界を招いてしまうということになるのです。

このことはじつは、成長や成長限界突破のためには、「成長の原理」の第四の原理である「条件適応の原理」の必要性を示しています。と同時に、本業だけに特化することなく、他の事業も並行して展開すること。すなわち第三の原理である「並列進行の原理」の必要性もまた教えているのですが、それについてはあとで述べることにします。

すぐれた人間、伸びる人間は自分の限界をわきまえているものです。すなわち限界は必ずくると事前に自覚し、その時期もある程度予測できていれば、それは限界突破や新事業開拓の戦略を練るうえでずいぶん有利に働きます。先に「壁」があると知っているのと知っていないのでは、事業の進め方やその速度、取り組む姿勢、創造性などに大きな差が出てくるのです。

それまでの小売店や百貨店の販売方式に限界を見てとり、セルフサービス式の低価格販売を導入することで大きな市場を形成し、急成長したのが、かつての中内切氏のダイエーをはじめとするスーパーマーケットです。

しかしそのスーパーの成長も無限ではなく、やがて限界がくる。このことを事前に十分に察知し、長時間営業と便利な立地、ＰＯＳシステムによる効率経営などで、さらに新しい小売形態をつくり上げたのがコンビニエンスストアです。

「コンビニの雄」セブン‐イレブンを創業した鈴木敏文氏はスーパーの限界を見てとり、コンビニという新市場をつくり上げることで多様化・成熟化する消費者の需要にこたえて成功したのです。

これは成長→限界→限界突破→再成長という、「成長限界の原理」とそのプロセスをうまく活用して伸び続けるための格好の実例であるといえます。その限界を超えて、さらに成長を止めない方法にはどんなものがあるのか。次章からはそれについて、より具体的に述べていくことにしましょう。

3章

「成長思考」で限界を突破する

「1＋1」は、つねに「2」だとはかぎらない

成長するものには必ず限界がくるといいましたが、それを言い換えれば、成長というものは一直線に伸びるものではなく、山あり谷あり、浮いたり沈んだり、でこぼこを描きながら進んでいくということです。けっして一本調子で順調に伸びていくことはありません。試行錯誤や紆余《うよ》曲折を繰り返しながら、人は曲線的に成長していくのです。

当たりまえのように見えて、このことを知らない、あるいは忘れている人は意外に多いように思います。

成長は直線を描かない、けっして最短距離を進まない。このことをあらためて肝に銘じるべきです。なぜなら「線形思考」では成長を続けることはできないからです。

数学の世界では、原因と結果、入力と出力がどこまでも直線的な関係にある場合を「線形（リニア）」といいます。一方、入力がある大きさ以上になると、結果が「飽和」して、限界値をとり、やがて下がり始めることがあります。このとき入力と出力の関係は直線的ではなく曲線的になる。これを「非線形（ノンリニア）」といいます。

成長物が描く成長の軌跡も、高度経済成長時代のイメージが強いのか、右肩上がり一本

調子の線形でとらえられることが多いのですが、じつはあるときは伸びるが、あるときはダウンする。低迷が続いたかと思えば、再び上昇カーブに乗るなど、増減や行きつ戻りつして非線形を描くものなのです。

成長曲線だけではありません。世の中の現象はすべて非線形の性質をもっています。

現実の世界で起こるすべてのことがらは、一つの原因から一つの結果が出てくる代数学的な世界ではなく、いくつかの原因が重なり、さまざまな結果が生まれる、多様な複雑系のかたちをとるのです。

そこでは「1＋1」が、必ずしも「2」になるわけではありません。いや、ならないほうがずっと多い。また、解が一つともかぎりません。二つも三つも答えが出てくる場合があるのです。そういうノンリニアな現象がつぎつぎに起こっているのが現実の社会であり、世の中というものです。

若い人や学問の世界しか知らない人のなかには、なかなかこういう非線形な考え方ができない人も多いようです。そのため教室や教科書で学んだ定理や法則で世の中の現象をすべて説明できると思い込んだり、公式どおりにならない現実のほうが間違っていると考えがちです。

こうあるべきだ、こうでなくてはならないという一つの考え、答えにこだわって思考が線形化＝固定化されると、視野が狭くなってしまいます。

現実の社会はもっと複雑多様で、先の予測もむずかしいものです。教室で習った理論どおりにはいかないのが世の中というもので、なぜなら現実は「生きている」からです。

たとえば、企業の売上予測や生産計画なども線形思考のもとに行うと、とんでもないことになります。

ずっと以前に、ある地域特産の火鉢がたいへん売れたことがありました。年間で何百万個という数の火鉢がはけたのです。

メーカーのほうはほくほく顔で、今年がそうなら来年はもっと売れるだろう。そう踏んで、次の冬に備えて、早い時期から増産に次ぐ増産を重ねました。

ところがフタを開けてみたら、去年の景気はどこへやら。まったくといっていいほど売れません。じつは、その年に、ある有力家電メーカーが突然電気こたつを発売したのです。消費者はみんなそちらの新製品のほうへなびいてしまったのです。売れ残った大量の火鉢は、「ご入用の方はご自由にお持ちください」という立て札とともに、地域のそこかしこに積まれていたという、笑うに笑えない話があります。

私の知人などもその口で、家族を食べさせるため、いろいろな事業に手を出した人でしたが、ある時期、日本全国でミカンの生産がしきりに奨励されたことがありました。知人もこの動きに乗って畑に大量のミカンの苗木を植え、これに実がなったら、いくらで出荷して……と取らぬタヌキの皮算用をしていました。

しかし木が育ち、実がなるまでには十年くらいはかかります。やっと実がなり始めたころには、ミカンはすでに全国各地で多量に生産されていて、供給過剰な状態でした。とうとう彼の育てたミカンは一個も売れませんでした。

それでも実はなるものですから、知人は私や知り合いに「取りにこい」と連絡してきます。しかし私がそれを取りに行くにはミカンの値段をはるかに上回る旅費がかかってしまうのです。送るにしても送料のほうがうんと高くつきます。そんなこんなで、知人のミカンはついに一度も売り物になることはなく、その木もかわいそうなことに伐採されてしまいました。

すべての現象は非線形型である

線形思考が怖いのはこういう点で、いまがこうだから、次もこうなるだろうという直線的な予測や思考に基づいて、物事を判断し、実践してしまうことです。成長というのは一直線に、かつ無限大に続くものと思い込んでしまうのです。ＧＮＰや株価の予測などはその線形思考に陥りやすい好例といえましょう。

あくまで一般論ですが、頭のいい人ほどこのリニア型人間が多いものです。一流大学を出たエリートや官僚など、高学歴者ほど線形思考をする傾向が強いように思います。順風を受けて進んできた人は今後も順風が続くと考えやすいからでしょうか、今日の状態は明日も変わらず続くはずだと、原因と結果をリニアに結びつけてしまう。そんな固定的な思考からなかなか自由になれないのが偏差値秀才というものです。

その結果、複雑な変化を見せる社会の動きに対応、適応できないのです。バブルがいつまでも続くと考えて過剰な融資に走り、いまも不良債権のツケに悩む銀行や、高齢化社会の進展スピードを読み誤って年金制度の破綻《はたん》を招いた官僚など、頭のいい人の線形思考には実例がたくさんあります。

おまえも学者じゃないかといわれそうですが、じつは私の専門であるエネルギー工学は非常にノンリニアな分野です。

工学や技術が取り扱うのはほとんどが非線形現象であり、したがって、それを簡単な数式や原理で示すことは不可能に近いのです。したがって、ある現象を理論化するには、何百回、何千回と試行錯誤を重ねて、ようやく近似解を求めることができる。それほど「非線形な」世界なのです。

このことをもって、工学や技術が扱う対象はアカデミックではないとさげすんだり、軽視したりする人もいますが、公式や定理に表せるから、学問的精度が高いと言いきれるものでもありません。むしろ非線形な分野ほど、パラメーター（変数）の多い複雑系の現象をより正確に説明できるともいえるのです。少なくともそのほうが実践的な「生きた」学問であると私は思っています。

私が開発した海洋温度差発電システムのキーポイントは、タービン発電機を回転させる流体（作動流体）に、火力や原子力で使われる水ではなく、水とアンモニアの混合物質を使ったこと。そして、タービンに入る蒸気を発生させる蒸発器とタービンで仕事をして、タービンから出る蒸気を凝縮して液化させる凝縮器に、プレート（板状）式を用いたことです。これが世界で「ウエハラサイクル」と呼ばれる発電システムの中心技術です。

この独自のサイクルの熱効率は、非線形なために数式化することができません。そのことをある講演で述べたところ、一人の大学教授から、そんなバカなことは認められないと声高に批判されました。公式に表せない理論はアカデミズムの名に値しないと言いたかったのでしょうが、現に、私の開発したシステムによってこの発電は働いているのです。

「論より証拠」です。論ばかりにとらわれて現実の現象を見ようとしない。教科書に書いていないから正しくない――私は、こういう線形思考にこりかたまった先生に教わる学生はかわいそうだなと思ったものです。

決まりきった仕事を効率的にこなすには線形思考でもいいかもしれません。しかし新しい、独自なものを創造するためには何より非線形思考が必要になってくるのです。

このことは、創造や成長には「ＩＱ」だけではなく、「ＥＱ」も必要であることを示してもいます。私は、人間の能力はＩＱとＥＱの二つの要素から成り立っていると考えています。成長力の大きい人を観察していますと、知力も高いのですが、それ以上に、人間性もすばらしいことがわかります。

私は知力をＩＱ、人間の度量をＥＱで表しています。知力は偏差値、ＥＱは忍耐力、行動力、意志力、熱意、やさしさで表される「人間力」です。

人間の能力とは、このＩＱとＥＱとをかけたもので表されるというのが私の考えです。人間の能力は、この二つの要素の掛け算であるという点が肝心です。人間の能力には、そうした偏差値では測れない、さまざまな多くの要素（変数）がかかわってくる。それらの要素をかけ合わせたものが人間という生き物の力や度量を示すのです。掛け算思考こそがまさに非線形思考なのです。

これに対してＩＱ人間は、そのＩＱだけをリニアに伸ばしていけば、それに比例して人間の能力も大きくなると考える傾向があります。その点で、ＩＱ重視の線形型人間は足し算思考が中心になっているといえます。

人間も含めて、社会の現象はすべて非線形であり、単純な足し算で測定したり説明できるものではありません。

世の中は不確実で、予測困難な「不測度」の高いものなのです。それに柔軟自在、臨機応変に対応するには、フットワークの軽さと「やわらかい頭」が必要で、そんな非線形思考が成長のカギを握っているのです。

雑用こそきちんとこなす「度量」で人は測られる

人の「ＥＱ」を表すものの一つに「やさしさ」をあげましたが、私はまさにその「やさしさ」の度合いこそ、その人の度量と成長力を測ることのできる、もっともわかりやすい指標だと考えています。

じつは私は長年、学生相手にひそかに、その人の「やさしさ」を見る、ある「実験」を行ってきました。

研究や実験で忙しそうにしている学生に、わざと「おなかがすいたから、パンを買ってきてくれないか」とお使いを頼みます。それに対して学生がどんな反応を示すか。そして、どの反応を示した学生が、将来どういう人間に成長していくか。それを長い時間かけて、かなりのサンプル数の統計をとってきたのです。

意地悪といえば意地悪な実験であり、忙しいときの依頼で頼むほうも迷惑は承知のことです。しかしだからこそ、その反応でその人の能力や器量がわかりやすくつかめるのではないかと踏んでのひそかな試みで、学生たちはまったく気づいていないはずです。

その結果はどうであったか。まず、学生が示す反応は、だいたい次のようなパターンに分かれます。

①「はい。すぐ行ってきます」と二つ返事ですみやかに席を立つ
②「わかりました」とやりかけの仕事をすぐに一段落させてから行く
③「これをしてから行きますから、少し待ってください」と当面の仕事を優先させる
④いかにも気乗りしない様子で、黙ってしぶしぶ席を立つ
⑤「なんで、私が先生のパンを買いに行かなくてはいけないのですか」と食ってかかり、結局行かない

この「実験」を始めたころの私の教え子たちは、いまではもう定年を迎える年に近づい

ていますが、それぞれの学生のその後の行く末を観察してみると、面白いことがわかります。

①や②のような「やさしい」反応を見せた学生はほとんど、成績も伸び、優良企業へ就職し、そこでいい仕事をして出世し、満ち足りた人生を送っています。逆に、④や⑤のような反応をした人は、仕事を転々とし、あまり幸せそうに人生を送ってはいません。

たかだか「パンを買ってきてくれ」という実験ですが、その返事によって、人に対するその人の「やさしさ」がわかります。そしてその「やさしさ」こそ、その人の度量や力量の潜在力、つまり将来の成長力を測るひとつの指標となるのです。

また、この「実験」を繰り返すうちに、学生のなかには、私がそう言い出すのを見計らって、「パンを買ってきましょうか」と率先して引き受けてくれたり、あらかじめパンを買って用意している人さえ現れてきました。

それを要領がいいとか、単に目はしがきくだけだと片づける人もいるかもしれません。でも要領がいいだけなら、雑用を逃れるような算段をするはずです。しかしそうはしないで、むしろ、言われる前に先回りしてこなす気配りや思いやりを発揮してくれた——いうまでもなく、こういう人の器量や力量、潜在能力や人間性もまたすぐれたものです。そしてそれゆえ、彼らは将来に向けて間違いなく伸びていける人材なのです。

こういうことは「人を見抜く」いい方法で、じつは企業の人事評価や人材採用などでも同様の「実験」をやっているケースは少なくありません。

私の知っている例では、誰からも次期社長と目されていた優秀な人材に、あえて左遷を告げるという実験をした経営者がいました。ある日、突然、社長室に呼んで、こう告げたのです。

「キミは来月から、子会社の○○へ行ってもらうよ」

そのときその人がどんな反応を示すか。経営者に頼まれて私もその場に立ち会っていましたが、さすがに優秀な人材だけあって、理由を聞き返すこともなく、わかりましたと、二つ返事でいさぎよく承知しました。聡明《そうめい》な人材ゆえ、その場で経営者の本当の意図――単なる左遷ではなく、より成長させるための試練であること――をとっさに理解もしたのでしょう。

はたして彼はその試練をきちんとこなし、出向先の子会社でめざましい業績を上げて、ほどなく本社に戻って、みごと社長になりました。

一方、同様の実験で、「なぜ私が子会社なんかに……」と食ってかかった別の人は、その後、成長も出世もほとんどそこで止まってしまったのです。

伸びる人間には、イヤな仕事も進んで引き受ける「度量」があるものです。イヤなこと、雑事こそきちんとこなす誠実な姿勢が成長の基礎となる。そのことを無意識のうちにも知っているからです。

伸びるのは「デタラメ度」の高い人

社会が進歩、発達すればするほど複雑さが増します。世の中の動きを支配する要因がねずみ算的にふえて、かつての理論では解決できない現象が増大していきます。これに対応するには「複雑系」の科学が必要で、私はこれを「デタラメ度」と呼んでいます。

たとえば、「今年のファッションの流行色は何色」といった話題が毎年のようにマスコミをにぎわせます。しかし服の色が服飾の分野だけで決定されることはありません。その大きな基準となるのはじつは自動車の色です。新車フェアなどに多く出品された色が、その年の流行カラーを方向づけていく場合が多いのです。

だから服の色を決めるのに、服飾の分野ばかり見ていたのではダメで、自動車業界の動きにもアンテナを張っておかなくてはいけません。それだけ社会を動かすパラメーターは多様で不規則なものになっており、それがどこに潜んでいるか、どこからやってくるか、単一の視点や直線的な思考だけではとらえきれなくなっています。

つまり原則や定理や常識にとらわれない非線形思考、社会の複雑度や不規則性に対応できるデタラメ度が重要になってきます。そのデタラメ度こそが、私たちの成長を促す要因となり、また成長度を測る尺度ともなるのです。

成長にとってデタラメ度が大事なことは、水の流れを見るとわかります。水を平らな板の上に流すと三つの様相で変化していきます。最初はほとんど乱れることなくなめらかに流れる。これを「層流」といいます。しかし層流は長く続かず、次に表面に波が生じ始める。これは「波流」と呼ばれます。波流はやがて速度を増し、波頭がくずれて、やがて不規則に乱れた流れとなる。これが「乱流」です。

このように水の流れは、層流、波流、乱流の順に変化していくのですが、このことは物事というのは、発達すればするほど、成長すればするほど、その乱れ度、デタラメ度が大きくなっていくことを示しています。

逆ではないかと思うかもしれません。物事は成長するにつれて整然とした形をとるのではないか、と。しかしそうではないのです。

層流のように整然と流れ、理論的にも説明しやすい状態のものは、それだけ外的条件の影響を受けやすく、外から力が加わったりすると、その状態をくずしてしまうことが多いのです。私は、これを「整然の不安定」と呼んでいます。つまり固定化されたものは案外もろいということです。線形思考のあやうさといっていいかもしれません。

一方、乱流は逆で、一見デタラメのように見えても、全体としての流れは安定していて、外的な変化にも柔軟に対応できる状態にあります。いわば「デタラメの安定」です。やわらかいものの強さ、非線形思考の柔軟性を示しているといえます。

このことからも、デタラメ度が成長や発達を測るひとつのものさしになることがわかります。人間に置き換えていえば、乱流度やデタラメ度の高い乱流型人間のほうが、外部の事象や変化に臨機応変に対応でき、創造力や成長力をより大きく発揮できるのです。

お役所には前例主義と規則がはびこり、線形思考にとらわれた層流型の人間がワンサカいると思われがちです。事実、そういう人は少なくありませんが、しかし、そのなかで局長とか次官に出世（成長）していく人というのは、やはり非線形思考でデタラメ度の高い人が多いのです。

私は職業柄、中央官庁に出入りする機会が多くあります。そこで多くの官僚の方と接し、親しくおつきあいもさせてもらうなかで、彼らのキャリアの変遷も長い間見てきました。

その経験から、入省してきた人物を見て、誰が出世していくか、だいたい見分ける自信があります。この人は局長クラスまで行く、あの人は課長止まりなどと、ひそかに目星をつけるよくない趣味もあって、その目安がデタラメ度なのです。

つまり、デタラメ度の高い人は規則や前例にとらわれないのです。たとえば私がこういうことをしたいと希望を述べたとき、「先生、いいですね、ぜひやりましょう」と答えます。

私が「しかし、いまの法律では無理でしょう」と言うと、「無理なら、法律のほうを変えればいいじゃないですか」と答えます。

そんなふうに、必要なら前例や規則をくつがえしてしまう力量があるのです。そういう「デタラメ」ができる頭脳、決断力、実行力を十分に持ち合わせているのです。前例を振りかざして、民間にいばるのは小役人止まり、出世、成長していくのは、お堅い官僚組織にあっても、非線形思考のデタラメ度が高い人たちなのです。

民間の企業でも同じです。仕事も遊びも人一倍で、オンとオフの緩急やメリハリがきく。たまに多少のハメを外して、上役に意見したりタテをついたりもするが、一方で部下の面倒見がよく、異分野の人間とも臆《おく》することなくつきあう人脈や情報が豊かな人間。こういう乱流型の人間は間違いなく伸びます。

また、そういう人間をトップに据える会社の成長度も高いのです。私はそういう例をずいぶん見てきました。デタラメ度――それは常識や前例に縛られない「やわらかい思考」

のことで、それが何より人や組織を成長させていくのです。

不安や批判の大きいものこそ、やってみる価値がある

「デタラメ」と「単なるいい加減」は似て非なるものです。デタラメ度が高い人ほどこまかい目配り、気配りができる。しかし細事にまで目を届かせながら、けっして細事にとらわれない。刻々と変化していく状況に合わせて、柔軟かつ大胆な判断、行動ができる。それがデタラメ度の高い人です。

小さな例ですが、私も講演をするときなど、その話の内容やレベルはその場で決めていくことが大半です。その日の聴衆の性別や年齢層、知識のレベルを見て、話し始めたときの実際の反応を見ながら、内容や話し方を臨機応変に変えていきます。そのような「自在性」がないと、相手にこちらの言いたいことをきちんと伝え、聴衆に心地よさを与えることはむずかしいのです。

といって、まったくのアドリブでもありません。話のバージョンやパターンを事前にいくつか用意しておき、そのつど最適なものを選んでいくのです。その意味で、デタラメ度

や自在性というものは周到な準備に支えられているものです。

自在性と周到さは表裏で接しており、それが創造性につながっていくのです。その創造性はまた不確実や不安定とも隣接しています。

デタラメの安定、整然の不安定という話をしましたが、不確実であること、不安定であることは創造力の源ともなるのです。

幕末から明治維新にかけて時代が大揺れに揺れた時期、国のあちこちからすぐれた人材が輩出しました。大半は下級武士や脱藩者などで、安定した平和な時代であれば、まったく出番もなかった青年たちが国の革新を担っていきました。

不安定に揺れる乱世には、前例が通用しません。そういうときに力を発揮するのは常識や既成概念にとらわれない、非線形思考でデタラメ度の高い、変化対応力に富んだ人間で、坂本龍馬などはその典型といえましょう。

つまり、安定や安全や安心から、いいもの、すぐれたものが生み出されるとはかぎりません。むしろ不安定や不確実がすぐれたアイデアやひらめき、創造力を生み出すことのほうが多いのです。「すべての創造は不安をともなう」ものなのです。

私自身、「ウエハラサイクル」を用いた発電装置が完成したとき、正直いって、それが定常的に安定して動くか不安でした。数式化できないものが安定的に動くわけはないと線形思考型の専門家から批判されました。

しかし一方で私は、その不安があるからこそ、この研究は創造的なのだとも思っていました。

前例のない創造的なものだからこそ、大丈夫だろうかと不安がつきまとうのです。最初から安心してやれるものなど――担保がないとお金を貸さない銀行のようなもので――不安やリスクがない代わりにたいした創造もないのです。

不安は創造の代償です。リスクを冒さなければ、いい仕事、先進的な仕事はできません。だから、不安の大きいもの、批判の大きいものこそやってみる価値があると私は考え、実践してきました。誰もが反対する「芽のない」ものにこそ創造的な発明の種が隠れている。私はそう思っています。「海洋温度差発電」の原理そのものも、最初は専門家から総スカンを食ったものです。

海の水の温度差を利用するといっても、表層海水と深層海水の温度差はたかだか二〇度前後しかありません。

「それでは温度差が小さすぎて電力を取り出すことができない」

「仮に発電できるとしてもきわめて微量なもので、その電力はみな海水ポンプを動かす動力に食われてしまい、結局一ワットの正味電力も取り出せない」

「そんな結果がわかりきっている、バカバカしい研究を国立大学の教員が国の予算を使ってすべきではない」

そんな猛烈な批判にさらされました。温度差が小さければ熱効率が低下するのは事実ですから、私も内心不安はありました。しかし「全員賛成ならやめてしまえ、全員反対ならやる価値あり」です。「常識外れのデタラメだ」とみんなが反対するものにこそ、創造性の芽が潜んでいる――私にはそんな確信がありました。

そこで、温度差が小さいという外的条件の不利を内的条件を工夫することで克服しようと考えました。いわば、売り上げが思わしくないときに、生産性を高めたり、経費節約の工夫をして利益をひねり出す。それと同じような発想です。

そうして試行錯誤を重ねた結果、水よりも効率のいいアンモニアと水の混合物質という新しい作動流体を発見して、小さな温度差の海水からも十分な電力を取り出すことに成功したのです。

前例がない、経験したことがない、常識外れだ。そんなふうにいわれるものがあったら、それゆえに挑戦してみろといいたい気がします。

以前に成功例がないからこそやってみる価値があるのです。「そんなバカな」と感じたら、「それは面白い」と考え直してみる。そういうデタラメ度が、私たちに創造と成長をもたらすのです。

固定観念が会社を滅ぼす

「やわらかい思考」について、もう少し話を進めてみましょう。原因と結果を直線でつなげないこと。それが非線形思考ですが、原因と結果をつなぐのは一本の線（単線）だけではない。そう考えるのが複線思考です。並行思考ともいい、この並行思考も「成長の原理」の骨格をなす一つです。

それが「成長の原理」の第三の原理である「並列進行の原理」です。成長物というのは、必ず成長の限界を迎えるものですが、その限界点を超えて成長を続けるためには、「複数の要素を並列して進行させていく」必要があるのです。

図のように、第一の成長体（商品）がピークを超えて下降カーブに入ったところに、それと入れ替わるように、第二の成長体が上昇曲線を描き出す。これを絶え間なく繰り返すことによって全体の成長を永久的なものにする。そういう方法論です。

企業の例でいえば、いかなる企業の、どんなすぐれた商品でも、それ単品だけで永久的

【並列進行の原理】

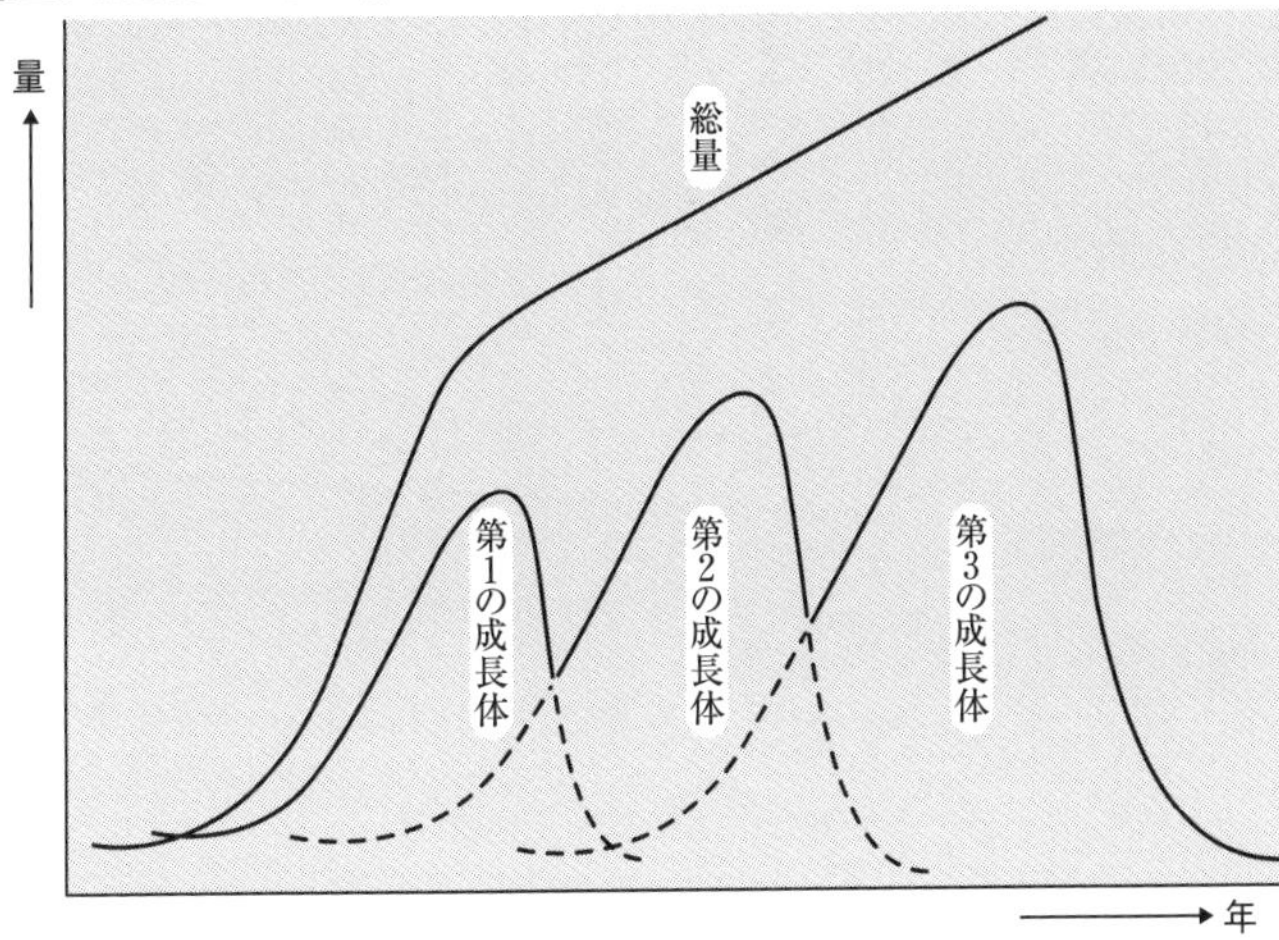

な成長を続けることはできません。したがって、第一の商品がまだ成長過程にあるうちに（限界点に達する以前に）、同時並行で第二、第三の製品を開発、それを成長軌道に乗せるよう努力する。そしてトータルとして、いつも成長商品を有し、全体の上昇カーブが途切れないようにするわけです。

別の言い方をすると、単品思考や単線思考では衰退はまぬがれません。成長し続けるためには、企業はいつも複線で事業を行っていかなくてはならないのです。

一つの製品、一つのやり方、一つの成功体験に寄りかかっていると、限界点突破の時期を逃して下降カーブを描かざるをえなくなってしまうのです。

企業は、この原理をもとに、多品種製造や、多角化経営、異業種参入をする必要があるということです。そんなことは企業経営のイロハだというかもしれません。しかし単線思考に凝り固まって、あるいは複眼の視点をもてないために、成長を継続できなかったというケースはじつに多いのです。

単線思考が固定化やマンネリ化を呼び、新しい情報や知識が導入されにくくなって、時代や社会の変化を読めず、危機感にも乏しくなったあげく組織の創造性が低下してしまう。そういう例が少なくありません。

たとえば創業者が創業時の体験や成功モデルにこだわるあまり、並行思考による変化対応ができないケース。「わが社が今日あるのは鋼材のおかげ」と、以前からの主力商品、社のアイデンティティに執着して、新しい事業展開やビジネスチャンスをみすみす逃しているような場合です。

同様に、ヒット商品が出たあとなども危険です。その成功に酔ったり、安心したりして、新商品開発をおこたったり、その着手が遅れたりすることがままあるからです。

その意味で、単線思考はいわば「死にいたる病」の思考であり、その固定観念へのよき処方箋《せん》が「並列進行の原理」なのです。

複線思考による新規事業や新しい技術革新がマンネリを打破し、組織の風通しをよくし、社員の脳を活性化し、会社全体の創造力を高める効果があるのです。

成長に「並列進行の原理」が不可欠なのは、百円ショップの成功を見れば明らかです。なぜなら、この新業態の店舗はまさにこの原理を活用して伸びてきた業種だからです。

百円ショップに行くと、なんでこんなものまで百円で買えるのかとびっくりするほど安い商品が並んでいます。これで儲《もう》けが出るのかと人ごとながら心配になるほどです。しかしあれは「限界利益の理論」といって、その製品単品では赤字でも、他の製品の利益でそれをカバーし、トータルで黒字になるようにちゃんと計算されているのです。

つまり、よく売れる商品は原価割れ、赤字覚悟でどんどん数を売り、売上高のアップにつなげ、その売り上げで最低限、他の商品も含めた全体の固定費を確保する。そしてもう一方で、原価の安い、すなわち利益率の高いものを売り、儲けはもっぱらこちらで稼ぐ。固定費を稼ぐ商品と利益を生む商品を選別し、それらを同時並行して売ることによってトータルで儲けを出す。それが百円ショップに代表される儲けの原理なのです。

したがってこの方法を成立させるには、「並列進行の原理」を利用することが最低条件となります。ところが、この限界利益の概念をうまく理解できないために、せっかく売れる商品をもちながら、利益を恒常的に生むことができず、衰退カーブを描いてしまう企業は少なくありません。私の主催する研究会のメンバーのなかにも、そのために失敗を招いた若手経営者がいます。

この人は一流大学を出て、最新の経営理論なども学んだ優秀な人物でしたが、一つひとつの商品で必ず利益を出さねばならないという単線思考にとらわれて、トータルで利益を生む、損して得とれ式の「並列進行の原理」がどうしても理解できなかったのです。そのために残念ながら会社をたたむハメになりました。

固定観念にとらわれない、複線・複眼思考が成長継続のためには重要であり、企業経営の場合、一兎《いっと》だけでなく二兎を追う「並列進行の原理」をいつも実行することが大切です。

成長する人は「同時進行」がうまい

「並列進行の原理」を活用して成長した企業として、前にトヨタ自動車の例をあげましたが、他に著名な企業例としては、京セラがあります。京セラは、カリスマ的存在の稲盛和夫氏がつくり上げた世界的企業です。

京セラは、当初は「京都セラミック」という社名で、セラミックスをおもに製造販売していました。稲盛氏は、次の時代はＩＴ産業だと直感し、ただちに通信事業に乗り出し、携帯電話の事業会社である第二電電（現在のＫＤＤＩ）も設立したのです。

この二つの事業はまったく異なる分野のように見えますが、じつはセラミックスは携帯電話の製造に不可欠な部材として使われています。したがって携帯電話事業が伸びれば伸びるほど、セラミックス事業の伸びも増すという構造になっているのです。

第一の主力事業と地続きのところで第二の有力事業を並列に進行させる。一方が伸びれば、それにつれてもう一方も自然に成長していく――これはとても賢い方法なのです。

同じような例に、私と親しい社長が経営するダンボール箱のメーカーがあります。Sという紙器印刷会社ですが、以前は業務用のダンボールだけを製造していましたが、折からの不況と、海外から格安な品物が入ってくるようになったせいで、年商三十億円の売り上げも頭打ちになり始めました。

そこで、以前から次の事業の柱として研究してきた菓子箱や贈答類の高級化粧紙器の製造にも着手することにしました。

その付加価値の高い化粧箱を第二の有力商品として育てるべく、新しい技術を開発するとともに新規の販売ルートも開拓した結果、短期間で大手と競争できるまでに市場が広がり、現在では年商九十億円にまで成長しています。

ダンボール箱と化粧箱。既存技術の応用がきく、同分野のなかの並列進行の例であり、これも理にかなったやり方といえます。

私の「チャレンジ経営塾」に来て「並列進行の原理」を実行している経営者の多くが、次のようにその効果を述べています。

「異なる分野の商品を手がけると、新しい知識や技術を習得せざるをえない。これはたいへんですが、そこで得たノウハウは本業のほうへも〝逆流〟できるし、生産性や精度も上がる。何より、新しいことを始めると会社全体の活気が違います」

並列進行が必要なのは商品開発や販売だけにとどまりません。たとえば地方には下請けの会社が多いのですが、独自のすぐれた技術や製品をもっていながら、親会社の意向に左右されて、利益が思うように出ないという企業が少なくありません。私はそれに対しては、有力な一社だけに頼らず、二、三の複数のメイン会社と並行して取引するようにしなさいとアドバイスしています。

親会社のご機嫌を損ねるのが怖いという場合なら、新しい親会社を担当する会社を別につくって、それまでの親会社の干渉が入らないようにする――そんな知恵を使いながら着実に成長カーブに乗った会社もあります。

この原理は、取引金融機関についてもいえます。一つの金融機関だけに依存していると、きわめて危ないといわざるをえません。私はいつも、取引金融機関は複数にするようすすめています。

「並列進行の原理」の重要な点は、「複線で物事を考えよ」ということです。だから商品開発のプロセスにしても、基礎研究、応用開発、製品化、商品販売という段階を一つひとつ順番に経る必要は必ずしもないのです。

そのような手順を踏む資金的余裕や時間的余裕もなければ、人もいないという中小企業の場合、たとえば基礎研究と応用開発研究を同時に行ったり、既存技術を結集してすぐに製品化に着手するなど、必要プロセスを並列進行することも重要になってきます。

とくに、後発の企業が先行する企業をキャッチアップするには、こうした複線思考が不可欠で、たとえば韓国の半導体産業が短期間のうちに日本や米国などの先進国に追いつけたのはこのためです。あるいは台湾のめざましい経済発展なども、産官学が共同で基礎、応用、実用の三段階の研究を同時並行して行っていることに、その主要因があると考えられます。

私はよく「ニワトリが先かタマゴが先かを論じるヒマがあったら、ニワトリとタマゴを同時に産む方法を考えなさい」と言います。

成長するには、物事を同時に進める習慣が必要なのです。限られた時間、限られた人生で多くのことを行い、より成長するためには、同時に事を進める必要があるのです。

会社の「体力」に見合う事業規模

ここで「並列進行の原理」、複線思考について、実用的なアドバイスを述べたいと思います。まず企業において、現在の主力商品と次の成長商品を並行させるとき、両者の比率をどれくらいにしたらいいかというのは重要な問題です。

これについて、私は数多くの実例から、主力商品の占有比率が八〇～九〇％、新製品の占有率は一〇～二〇％程度が適当ではないかと考えています。清水龍瑩《りゅうえい》氏は、日本の企業における製品率の実態を調査し、全売上高のうち、

・新製品が占める率　一三～二〇％
・主力・安定商品の占める率　七〇～八〇％
・衰退製品の占める率　五～七％

がいいと述べています（『社長業の鉄則』清水龍瑩著、日本経営合理化協会）。むろん、業種業態によって適正な比率は異なってくるでしょうが、一つの目安にはなると思います。

もう一つ、「並列進行の原理」を実践する場合に留意すべき重要な点は、第二、第三の商品は会社の規模に比して、「小さすぎても大きすぎてもダメ」だということです。

会社が安定期に入ると、その成長率は鈍ってくるのが一般的です。創業期の主力商品によって売り上げも会社の規模も急成長してきましたが、その動きが一段落すると、伸び率は鈍化して安定期に入ります。したがって、次の新商品によってさらに再成長を果たそうとする場合には、その第二、第三の商品はかなり強いインパクトと高い成長度の見込める商品である必要があります。

そのせいか、会社の体力に比して「大きすぎる商品」を扱うことで、いっきに売り上げアップをもくろむケースがときおり見られます。しかし、それは子どもが大人を背負うようなもので、たいてい失敗に終わってしまうので要注意です。

たとえば以前、年商五億円のある建設機械メーカーが新しい機械を開発して、それを年商と同額の一台五億円で売り出そうとしたことがありました。

たしかにその機械は画期的なもので、その単価にふさわしいだけの性能を有してもいました。そのため経営者はマスコミにも注目され、テレビや新聞でしきりに新製品のアピールをしていました。

しかし私は、顔見知りのその経営者に、あなたの会社の規模からいって、扱う商品の価値が大きすぎて危険ですよ。どうしても手がけたいのなら、いったん開発を停止して、前もって注文をとり、代金の一部でも前金で受け取るような仕組みにしてからのほうがいいとアドバイスしました。

しかし、それまでの開発資金も相当かかり、その回収のための焦りもあったのでしょう、経営者は製造を続行しました。結果は惨敗に近く、いまこの会社は存在していません。

そうした例をいくつか見てきて、私は新しく扱う商品の単価は、年商の一〇%が上限であるという一つの目安をもつにいたりました。

現在の売上高の一〇%を超えない価格のものが、次の成長を担う新製品として適当だということです。それを超えると、会社の体力以上の商品を扱うことになり、成長どころか失敗の可能性が高くなるのです。

また逆に、会社の規模に比して「小さすぎる」商品を扱うこともやはりよくありません。以前、日本を代表する製鉄会社が、新事業としてウナギの養殖を始めたことがありました。私はそれを聞いたとき、いっては悪いが、「まるで経営センスがないな」と感じたことを覚えています。

成功したところで、その巨大企業の売り上げの何%を占める事業なのか。一流企業がやみくもにニッチ事業やアイデア商品に手を出すのは「悪手」というべきで、長い目で見ると衰退要因をつくりかねません。

あるいは、食品メーカーの大手がゴルフ経営を始めたケースもあります。それがいけないのは、二つの業種が隔たりすぎているというだけではありません。

食品は商品単価が百円とか五百円程度のものがほとんどです。そこから十円、二十円単位の利益を生んでいるのです。大量生産、薄利多売、広範囲の市場という戦略や体質が企業の骨格とも、持ち味ともなっています。

それをゴルフ場の建設や運営という、一つの事業で数百億円単位の資金が必要とされるようなまったく正反対の業務を手がけるのです。そうなると何よりも経営者の感覚、組織の体質がついていきません。

その道のプロを雇うにしても、大小さまざまな判断を下すのは経営者ですから、この二つの事業における規模や内容の大きすぎる落差が判断を誤らせるもとになってしまうのです。実際、この新事業は九十億円の損失を出して終止符を打ちました。

十円単位の買い物に札束を出すのは利口なやり方とはいえません。また、港より大きな船もつくれません。だから次の成長を担う並列進行の商品・事業は大きすぎても小さすぎてもダメなのです。

現在の売り上げ規模の一〇%までが、その商品単価の目安と私は考えています。

人生の視野を広げる「並列進行の原理」

企業の話が続きましたが、個人の仕事においても「並列進行の原理」は欠かせないものです。ただ、この並列進行を気が散るといって嫌う人もいます。一つのことに没頭する、一つのことを脇目《わきめ》もふらず続ける。こういうスタイルを美徳とする考えもいまだに根強くあります。

研究者などはとくにそうで、一つの研究に一生を捧《ささ》げて刻苦勉励することが、すぐれた発明や創造につながると考える人が多いものです。

たしかに、仕事や研究の対象に誠実さと情熱をもって向かうことは成功や成長にとって大切なことです。しかし、それが過ぎると視野狭窄《きょうさく》に陥るというマイナス面もあります。

実際、私の経験からいくと、すぐれた業績を多く残している研究者、いい仕事をしている人の多くは一点集中型よりもむしろ、複数のテーマを並列に進行している人のほうに多いのです。

かたや、あるテーマひとすじ、まじめ一本槍《いっぽんやり》で、朝から晩まで休日も返上で研究を続けている人がいます。さぞかし立派な業績を出しているのかと思えば、じつはそうでもなく、努力のわりに成果ははかばかしくありません。書き上げた論文なども、そういう人に限って残念ながら見るべきものは少ないのです。

かたや、人づきあいがよく、いろいろな会合にも顔を出して、あれで研究する時間があるのかなと思えるような人が、すばらしい論文を発表していたりします。

そういう皮肉な事実の原因を、私たちは頭のよさや資質の違いに求めがちですが、それは「要領」のよしあしに大きな要因があって、前者のような人はつまり直列でしか仕事ができないのです。あるいは仕事は直列でするものだと思い込んでいます。

だから、いくつかの仕事を抱えている場合、それらを直列でつないで、一つの仕事が終わらないかぎり、次の仕事にはとりかかれないし、とりかかろうともしない。並行してこの仕事もできないかと聞くと、そんなこと考えたこともないという顔をして、目の前の仕事に没頭する——。

一方、後者のような人は、並行してできる仕事はできるだけ同時に進めようとします。またそのやり方もうまい。要領がいいといってしまえばそれまでですが、仕事の全体の見取図、段取りや流れがしっかり頭に入っており、これとこれは並行してやれる、この仕事の空き時間に別の仕事のこの部分をこなせるだろうといった見極めや判断が的確に下せる。その結果、複数の仕事をそれぞれ高いレベルでこなすことができるわけです。

このことは、町の食堂などに入って調理の手際を観察してみてもわかることです。忙しい店の腕のいい料理人というのは、いくつもの作業を同時並行でこなしているのです。当然、その並列進行のやり方にもムダがなく、味も確かです。モタモタと作業を直列でしかこなせない料理人は、料理が出てくるのも遅ければ味も二流で、また、そういう店に限ってヒマなのです。

料理というのは、いかに手際よく、異なる作業を並列進行でやれるかにポイントがあり、そのことは仕事や研究においてもまったく変わるものではありません。

もう故人となってしまいましたが、作家の笹沢左保氏は私と気が合って、生前、何度もお酒の席をご一緒した仲でした。笹沢氏から聞いた話で舌を巻いたのが、氏のスーパー並列進行ぶりです。全盛期には連載小説を一日十本くらい同時並行で書かなければならないときもあったそうです。

そういうとき笹沢氏は、一本ごとに書く場所を変えたといいます。ホテルでA社の原稿を書いたら、次にB社へ出向いて会議室か何かを借りて別の原稿を書く。家でも、机をいくつも準備し、一つの小説が終わると、次の机に移りそこで別の小説を書く。

そういうことを繰り返して、すさまじいスケジュールをこなしていたのです。場所を変えることで頭も切り替わり、同時並行でいくつもの異なる小説が書けたのでしょう。

原稿を書く場合でも、直列型の人間は最初の一行目から順番に書いていかないと気がすまないそうです。それで書き出しにいつまでも悩んで、時間ばかりがたっていくことにもなります。

しかし、並列型の人間は順番にとらわれず、書けるところから書いていくという柔軟な方法をとります。場所も問わず、空き時間や移動時間を利用して、思いついたアイデアや下書きを事前に書きためておいたりもします。

そうして〝時間差攻撃〟でやれることを事前にやっておけば、いざパソコンに向かったときには、すでに作業の半分くらいは終わっていますから、あとの作業がグンと楽になるし時間も短くてすみます。内容もいいものができるのです。

仕事ができる人というのは、すべからくこういう複線思考や非線形思考を実践しているもので、その要諦《ようてい》は――前もいいましたが――「仕事や事業を必ず並列でする」こと。すなわち並列進行の原理をフルに活用している点にあります。

並列進行の利点はもっとあります。一つは、研究テーマに行き詰まりがないことです。複数のテーマを手がけていると、一つで行き詰まったときにも他のテーマが気分転換になる。気分がリフレッシュされて、頭も活性化するのです。また別のテーマをやっているうちに、行き詰まっていたテーマの打開策がフッとひらめくことも少なくありません。

すなわち互いが互いの刺激になって相乗作用を生む。視野も広がり、飽きがこないというメリットがあります。

もう一つは、世界が広がることです。テーマが一つだけだと、知り合える人、蓄えられる知識は限られてきます。しかしいくつかのテーマを抱えていると、枝をたくさん張った樹木のように、それだけ接する世界も大きくなり、視野も人脈も広がります。

ことに異分野の人たちと知り合うことは何にも替えがたい財産で、多くの人からさまざまな知識や情報を得られるばかりでなく、一生つきあえる友人や師匠ともめぐり合うことができます。すなわち仕事における成長だけでなく、その人の人生や生き方の視野も広げてくれる。そういう効果も「並列進行の原理」にはあるのです。

競争のないところに成長は生まれない

不安定が創造を生むといいましたが、「自由」と「競争」もまた創造の動力となる重要な要素です。「外部との公正な競争」「内部における自由の保障」。この二つの環境があってこそ、個人と組織の創造性や成長力は促進されるものなのです。

たとえば、先に紹介したデタラメ度とは、すなわち自由度のことであり、常識破りで創造性豊かな非線形思考も、自由な発想を母体にしてしか生まれません。自由と競争なしで創造や成長がなされた例は皆無といってもいいでしょう。

社会主義思想に基づく計画経済を実行したソ連が崩壊したのは、「自由」と「競争」がなかったために生じた世界史的な実例といえます。

社会主義とは簡単にいえば、さまざまな規制のもと、自由が制限される代わりに競争のない平等な環境をつくり出すことで、「安定的な」社会や経済を維持していこうという思想や仕組みのことです。

しかし、それがどのような結果を迎えたか。旧ソ連の崩壊や現在の北朝鮮の状態を見れば明らかです。自由と競争に乏しい環境にあっては、人間や組織は創造性を失って成長を続けることができないのです。

他国のことを笑ってはいられません。日本も以前は、世界で唯一成功した社会主義国だと皮肉られたように、戦後ずっと、政府の保護と規制色の強い経済システムをとってきました。みんな横並びの、いわゆる護送船団方式に守られてぬるま湯につかっているうちに、金融や農業などはすっかり国際的な競争力を失い、目下、逆風の中で血の出るような改革を迫られています。

何よりそこに競争原理が働かなかったため、自由な発想のもとに創造的な活動を営む、そういう能力をつちかう努力を怠ってきたことに原因があります。

思うにそれは制度ばかりではなく、日本人のなかには、聖徳太子の「和」の精神以来の、競争を避ける体質が地下水脈のように流れているように思えます。運動会でも順位をつけるのはよくない、足の遅い子どもがかわいそうだと、みんな手をつないで一緒にゴールするような風潮が一時ありました。

なるほど競争がなければ敗者は生まれないかもしれない。しかし負けた経験のない人は、また勝つ方法を発見する努力もしないものです。

敗北の経験が、人を「よし、こんどこそ」という成長意欲や創意工夫にかりたてるのです。あるいはある分野で負けることが、別の分野における自分の資質、能力を発見することにもつながるのです。かけっこで勝てないなら、勉強でがんばろうというように、です。

いずれにせよ、競争がないところに人や組織の成長はありません。競争はたしかにきびしいが、そのきびしさを回避するために失うものも大きいと私たちは肝に銘じなくてはならないと思います。

自由もそうです。自由は不安定を生みますが、その不安定が創造力の源にもなることは先述したとおりです。人は自由という「心地よさ」を求めて動く動物で、自由度の高い環境でこそ、その大きな創造性を発揮するのです。

たとえば多くの企業の盛衰を見てきた経験からいうと、口やかましい経営者や上司がいる会社は伸びません。

部下に命令や指図ばかりして、彼らの自主性というものを尊重しない。部下を自分の手足のごとくに使って、それが上司の権限や責任とさえ思っている。こういう企業で成長した例を私は知りません。

口やかましいくらいならまだいいが、部下の提案をろくに検討もしないで却下する。自分の考えを押しつけて社員の意見を封じたり、高圧的な態度で萎縮《いしゅく》させる。こんな自由束縛型の上司もダメです。

以前、ある大企業の研究開発担当者と意気投合して、「共同研究をやろう」ということになりました。その研究者は上司の許可を得ようと席を立ちましたが、しばらくすると上司の部屋から、「研究テーマを決めるのはオレの仕事だ。おまえごときが勝手にすることではない」という怒鳴り声が聞こえてきました。

研究者はしょぼんとして、申し訳なさそうな顔をして戻ってきましたが、私はこんな会社の将来は危ないなと直感しました。案の定、その会社は現在、いつ倒産してもおかしくないような経営状態に陥っています。

また、社長室にモニターテレビを設置して、社員の働きぶりを見られるようになっている会社。あるいは、上司の席がいちばん後方にあって後ろから社員を監視するような配置になっている事務所。いずれも実在する例ですが、社員の「心地よさ」を奪い、自由を損ねるようなこのような環境も、彼らの創造の芽を摘む方向にしか働かないものです。

本当に偉い人とは「誰からも学べる人」

もっとも、社員の自由度を高めよといっても、好き放題を許していいということではありません。

かつての国鉄では労働組合員の一部が、二時間働くとさっさと風呂に入って帰ってしまうようなことが横行したといいます。当人はいい気分だったかもしれませんが、こんな放《ほう》埒《らつ》な自由は組織の首を絞めるだけです。

自由には責任がともなうものです。責任をともなわない自由は自己中心のわがままにすぎません。仕事においては、権限（自由）と責任は同じ重さで与えられるべきです。

部下に権限とそれに見合う責任を与えて、仕事を自主的に行ってもらう。その環境をつくるのが上司の「責任」というものです。

また責任感というのは、その自主性からつちかわれるものです。そのためにも部下にできるかぎり権限委譲して、仕事を任せることが重要です。上司の思うとおりにやらせるばかりでは、創造力も責任感も育ちません。

「自由な空気の中で公正な競争をする」

それが創造と成長にもっともふさわしい条件であり、環境といえます。

私も自分の研究室は、できるだけ自由で開放的であるように努めています。教授の座にあぐらをかいて、自身ではもう論文を書くこともなく、部下である講師や大学院生の人事権を握りながら彼らの研究成果の横取りをする——そんな旧態依然としたタテ社会、タコツボ教室はいっさい廃止して、自由で創造的な研究室をつくっているつもりです。

すなわち研究においては、教授から学部の学生にいたるまでみんな対等です。誰もが自由に研究室に出入りでき、指導はきびしいが、上下を問わない活発な議論を歓迎する。そういう自由で平等なオープンドアの空気を醸成したいと思っています。

「ここで勉強して、やっと自由と責任の意味がわかった気がします」

ある研究生からそう言われたことがあります。彼はある企業から派遣されてきた博士課程の社会人学生でした。その彼が最後に論文を完成させ、私との読み合わせも終えたとき、感にたえないような声で次のように言ったのです。

「会社では、与えられた仕事をしていることが多いから、あまり自由もない代わり、言われたことだけやってればいいので楽でもありました。しかし、ここでは何をどんな方法で研究するか、聞けばみなさんアドバイスはしてくれますが、判断していくのはすべて自分です。つまり自由だけれど、責任もみんな自分に返ってくる。自分の意思で決めて自分の責任で行う。それがこんなにたいへんなことだとはいままで知りませんでした。しかし、それがこれほどやりがいのあることだと知ったのもこれが初めてです」

こういうセリフを年少の教え子から聞くことほど、教師としての喜びはありません。また、私の研究室のもう一つのモットーに、「年長者は年少者に学び、年長者はさらに年長者へ教える」というのがあります。つまり立場が上の人ほど下の人間から学べということです。

教師というのは生徒に教えているようで、じつは生徒から教わっているものなのです。教育というのは、必ずそういう双方向性をもっています。

だから年長者は年少者に教えながら、同時に、年少者から学ぶべきことがたくさんある。そういう謙虚な姿勢が創造や成長を促すということでもあります。

著名な物理学者というと、すぐにニュートンやアインシュタインなどの名があがりますが、私はデンマークのボーアという物理学者を尊敬しています。

ボーアは原子模型を確立した人で、それが基礎となって、現代物理学の基本原理である量子力学や波動力学が樹立され、また、現代科学の重要な理論や定理も発見されました。

ボーアが偉大なのは、その後、世界で物理学の発展を担っていく多くの学者を直接、間接に「育てた」点で、理論物理学の大家といわれる人で、コペンハーゲン詣《もう》でをしなかった人物はいないといわれています（コペンハーゲンにはボーアの研究所があった）。その理由は、ボーアの研究室がまったく自由で開放的な雰囲気に満ちていたことです。

彼自身、若い研究者に慕われた理由を、「私が若い人たちに〝バカ者〟と思われることを恐れなかったからでしょう」と述べていたそうです。ボーアは若い人から学ぶ、謙虚な姿勢をいつも忘れなかった。それが自身の創造性につながり、年少者の創造力をも刺激していったのでしょう。

ボーアと比較するのはおこがましいのですが、私も若い人に教えるだけでなく、彼らから学ぶことを死ぬまで忘れまいと自戒しています。自分が偉くなるのではなく、若い人が偉くなるのが教える者の最大の喜びであるからです。カン違いしている人が多いのですが、人は教わるから伸びるのではありません。自分で学ぶから成長するのです。教師や年長者や上司はそのサポートをしたにすぎないのです。

同様に人は教えるから偉いのではありません。誰からも学べる人が偉いのです。会う人みな師匠、そう言える人は成長できるのです。

やわらかい成長思考をもって謙虚に学び続ける人や組織だけが、自由な発想やすぐれた創造力を身につけ、厳しい競争にも打ち勝つことができる。限界を超えてさらに成長し続けることができるのです。

4章

大局をつかみ、
柔軟に形を変える

仕事は忙しい人に頼め

「上原くん、仕事は忙しい人に頼みなさい。ヒマな人に頼むと時間がかかるよ」

かつて電力の王様といわれた進藤武左衛門氏が、若い私にこう教えてくださったことがあります。当時は、なるほどそんなものかと思った程度でしたが、年をとって、この言葉の正しさ——そこに含まれている知恵の深さが身にしみてわかるようになりました。

ふつうは逆のように思えます。ヒマな人に頼んだほうがていねいな仕事をしてくれるのではないか、と。でも、そうではないのです。忙しい人ほどいい仕事をしてくれる。自分の経験からいっても、これは一つの〝真理〟であると明言できる気がします。

世間は人をよく見ているもので、忙しい人がいつも忙しいのは、世の中がその人を放っておかないからです。忙しい人はすなわち仕事ができる人で、だからみんなが仕事を頼むのです。するとよけいに忙しくなる、という仕組みになっているわけです。

けれども、できる人ほど「忙しい」とは言いません。忙しそうにも見せないものです。実際、できる人は自分の仕事のリズムやペースを熟知していて時間の使い方がうまいから、たくさんの仕事も効率よく高い水準でこなしてしまう。だから自信がある人ほど謙虚なように、忙しい人ほどじつは余裕をもって仕事をしているものなのです。

ヒマな人はこの逆。ヒマな人に仕事を頼んでも、時間がかかるわりにできがよくないことが少なくありません。だからしだいに頼まれなくなる。それでますますヒマになる――ヒマがヒマを呼ぶのです。

また、ヒマな人ほど余裕がなく、やたらと忙しがるものです。「忙しい」が口癖の人で仕事ができる人は少ないのです。これは土光敏夫氏も指摘しておられました。恐縮しながら頼みごとをする私に、「ヒマな人ほど忙しいと言いたがるものですよ」と笑いながらいつも快諾してくれたものでした。

政界のホープで、将来の首相候補といわれる安倍晋三氏のお父上・晋太郎氏もそうでした。氏には、長年にわたってかわいがってもらい、たくさんのことを教えてもらいましたが、あるとき、自宅に氏から直接電話があり、すぐに上京してほしいとだけを伝えて、電話が切れました。通常は秘書の方が連絡してくるのが常でしたし、声の調子からいって、どうやらあまり機嫌がよくないらしいことはわかりました。

そう感じた私は、とるものもとりあえず急いでその日のうちに上京しました。事務所を訪ねると、顔を見るなり安倍晋太郎氏は、「いつ私が先生の面倒を見ないと言いましたか」と怒っています。

私はびっくりしました。数カ月くらい前から、安倍氏のお力を借りたい頼みごとが一つあったのですが、当時の氏はことに多忙を極めており、そこへ面倒な依頼を持ち込むのは気が引けたのです。そこで何とか自分だけでやってみたものの、結局は不首尾に終わっていました。

誰かを通じて、そのことがご当人の耳に入ったらしく、いたくおかんむりです。安倍氏はこう私を諫《いさ》めました。

「私が忙しいのは、いつも誰かが私の時間を使っているからです。先生が遠慮して私の時間を使わなくても、どうせ誰かが私の時間を使いにくるのです。先生には、どんなことがあっても面倒を見ると言ったのですから、ことの大小を問わず、いつでも私に相談に来てください」

私は自分の短慮を詫《わ》び、それからは些細《ささい》なことでも氏に相談を持ちかけるようにしました。氏は多忙であっても、けっして忙しいからとは言わずに、いつも快く引き受けてくださり、そして引き受けた頼みごとは必ず適切に処理してくれました。

仕事ができる人、できない人。成長していく人、いかない人。この両者を分ける一つの尺度が、「忙しくても忙しそうに見せない」ことなのです。

「むちゃ」を面白がれる度量で成長力は測られる

成長する人としない人を見分ける目安は他にもあります。たとえば口癖です。

仕事に取りかかるときに、「やりましょう」と言う人と、「できるかな」と言う人。それがかなりむずかしい問題であっても、「全力でやってみます」と前向きな言葉を口にする人と、「まあ無理だろうな」と否定的なことを言う人。この違いだけでも、ことを始める前からもう両者の間には数段の差が生じているものです。

「こうあるべきだ」「先例がない」「そういう規則はありません」。そう言って既成概念や固定観念を盾にとり、新しいものを認めない人、外の変化に対応、適応しようとしない人。そんな「べき型人間」の成長スピードは鈍いものです。

ずいぶん前の話ですが、私の友人が旧大蔵省を訪ねて、新エネルギー開発の必要性を説いたことがあります。とにかく石油に代わる新しいエネルギーの開発促進をしていかないと、日本の将来はたいへんなことになる。そのためにぜひ予算をつけてくださいと、懸命に陳情しました。

すると旧大蔵省の担当者は、いったん席を立ち、職務規定集を手に再び戻ってくると、

「私の職務のどこにも、エネルギー開発をせよと書いてある箇所はありません」とすげなくあしらったといいます。この門前払いがよほど悔しかったのか、友人はいまでも、会うたびにこのときの話を蒸し返します。

規則にないからしなくていい、先例にないことはすべきでない。過去の体験だけで物事を判断する。何事も形式にこだわる。「それは、これこれの理由でできない」とできない理由ばかり並べたてる。こういう人は要するに、「人間はやったことしかできない生き物」だと考えているのです。

しかし、前例や経験のないことをやるからこそ進歩があり成長があるのです。ときにデタラメや無理やむちゃから、創造性というものは生まれてきます。晴れた日に傘を売れ、南極で氷を売れ——そう言われて、そんなバカなと思ったら、そこで終わりです。

その「むちゃ」を「面白い」と思える発想、無理は承知で実践してみる行動力。それが大事なのです。

よく引き合いに出される例ですが、靴のセールスマンが二人、未開の地に営業に出かけました。一人の結論は「ここでは靴は売れない。みんな靴をはく習慣がないから」。もう一人は「ここは絶好のマーケットだ。みんな靴をはいてない」。むろん伸びていくのは後者のタイプです。

経営者の集まりなどでも、それほど業績を上げていないトップほど「ない」という言葉をよく口にします。金がない、設備がない、人材がいない……それを聞くと、私は即座に、「金がないなら集めればいいでしょう」「設備がなければつくればすむことです」とアドバイスします。多くの人が、

「それができたら苦労はない。ないものを集めるのはどうしたらいいのか」

と反論しますが、手足を動かさずに頭ばかりで考えても、物事は一ミリだって前へ進みません。いままでにないものをやるのだから、「見るまえに跳べ」で、とにかく手や足を動かして行動に移してみることが大切です。

すると意外な道が開けてくるものです。協力者も現れるし、行動に現実がついてくることがあるのです。「行動すると創造できる」ことは山ほどあるのです。

松下幸之助氏がある講演会で有名な「ダム式経営」について講演されたことがあります。ダム式経営とは、松下氏のオリジナルで、ダムに水をためるように、経営も景気のよいときに、悪いときに備えて、さまざまな経営資源を蓄えておけと説いたのです。すると会場から、それができれば苦労はない、現実にその方法を教えてくれなくては話にならないという反論めいた質問があったそうです。

それに対して、松下氏はこう答えたのです。「そんな方法は知りませんのや。知りませ

んが、まず、ダムをつくろうと思わんとあきまへんなあ」。その答えにならない答えに聴衆の大半は失望して帰ったそうです。しかし、ただ一人だけ、その答えに衝撃を受けていた人がいました。

それが、京セラの創業者である若き日の稲盛和夫氏で、稲盛氏だけは松下氏の真意――何よりもまず強く思い、行動に移すことが成功への第一歩であり、すべての始まりであること。そうすれば理屈や成果はあとから自然についてくること。何かを行う方法は人から教わるのではなく、実践を通じて、自らつかみとるものであることを読みとったのです。

稲盛氏は松下氏の不器用とも思える話から多くのことを学び、感動し、その後の経営や人生の指針にしていったと言っておられます。

昨日の安定は今日の不安定、今日の弱みは明日の強み

いま時代は大きな変革期にあり、社会環境や条件はどんどん変化しています。そんな変化の激しいときには、ピンチはたやすくチャンスに変わり、過去の成功の要因がすぐに失敗の引き金へと転じるものです。進んでいたものが遅れ、遅れていたものが先頭に出る。

昨日の安定が今日は不安定に変わり、今日の弱みが明日には強みに変わる。そんな変転が絶え間なく繰り返されていきます。

そうした時期に、規則や常識を盾にとって、既成概念や固定観念にあぐらをかき、新しいことを認めず、過去の体験の中に安住して、否定的な言葉ばかり口にし、行動をためらう――そんな人が伸びていくことはありえません。変化に柔軟に対応できる人、外的条件に自在に適応できる人。そういう人間だけが成長する資格をもっているのです。

これが「成長の原理」の第四の原理である「条件適応の原理」です。この「条件適応の原理」の骨格は、「成長物はその内部に保有する内的条件と、成長物を取り巻く外的条件とが一致したときのみ成長する」というもので、つまり外的条件の変化に内的条件を適応させることで人間は創造を生み出し、成長していくことができるのです。

むずかしく考える必要はありません。雨が降ったら傘をさす、やんだら閉じる。条件の変化に応じて迅速で柔軟な対応をしなければ、私たちは生き残れないということです。

人類の進化などは、この条件適応の連続で、二本の足で立って歩き出したのも、道具を発明したのも、住居をつくったのも、農耕栽培を始めたのも、すべて気候や気温など、生命を取り巻く外的環境の大きな変化に合わせて、自分たちの行動様式や生活スタイルを変えていった結果です。

そうしなければ、「適者生存」のきびしい原理が働いて恐竜のように滅びるほかないのです。人類の先祖が氷河期に、オレはこのまま洞窟《どうくつ》に住み続けると前例に固執して、温かい地域に移動するのを拒んだり、新しい居住形態を受け入れなかったら、どうであったか。すぐさま生命の危機にさらされてしまったでしょう。

望むと望まざるにかかわらず、私たちは生存と成長のために、外部の条件やその変化に適応できるよう、そのつど内部の環境や条件を変えていかなくてはならないのです。

日本はこの条件適応を得意とする国で、歴史的に見ても、外部の変化に促されて内的な環境を大きく変えることで成長を遂げてきました。黒船が来航して開国を迫られると、その危機に対応すべく明治維新によって国の仕組みを大変革し、すみやかに近代化を果たしたのはその好例といえます。

一九四五年の敗戦もそうでした。日本人にとってあれほど激しい「外的条件の変化」は他にありません。その変革を主導したのはマッカーサー率いるＧＨＱでしたが、日本人はつぎつぎと打ち出される改革政策に適応しながら、自身の意識や行動（内部環境）を変えることによって世界が目を見張るスピードで復興、成長していったのです。

敗戦の年に小学校に入学した私は、戦後の復興に重なるように成長してきました。それゆえに、劇的な変化を身をもって体験していますから、生存や成長にとって、いかに条件適応が大切かが肌で実感できるのです。

「外的条件の変化に内的条件を過不足なく適応させたとき、そこに創造と成長が生まれる」

この成長の原理の第四の原理である「条件適応の原理」もやはり、企業活動においてもっともわかりやすく現れます。

つまり、顧客や市場が求めるニーズ（外的条件）に企業成長の内部要因――経営者の指導力や資金力、技術水準や設備環境など――が一致したとき、そこにヒット商品が生まれ、企業は成長を遂げていくのです。マーケットニーズという外的条件を無視して売れた商品はないし、伸びた会社もこれまで一つもありません。

一九八〇年代、日本経済が強く、米国の経済が低迷して両国間の経済摩擦が激しかったころ、米国人はよく「日本人はもっと米国製の製品を買え」「日本の政府が米国のものを買わないように仕組んでいる」などと脅迫的な注文をつけてきたものです。

しかし、大半は言いがかりで、米国製の商品が日本で売れないのは、日本市場の環境や条件（米国から見た外的条件）に、自社製品を一致させる内部努力を米国企業がおこたっていたことが大きな要因でした。

たとえば自動車などでも、当時、米車は自国の左ハンドル製のものを、右ハンドルが主流の日本の市場にそのまま輸出していたのです。逆に、日本の車メーカーはずっと以前から、同じ車種でも国内向けのものは右ハンドル、米国向けの輸出品は米国市場に合わせて左ハンドルのものをと、ちゃんと使い分けていました。

その他にも、日本で運転するには大きすぎる、燃費がよくない、メンテナンスサービスの体制が整っていないといった欠点が米車にはありました。すなわち日本車は条件適応の努力をしていたが、米車はその努力をしていなかった。外的条件に内的条件を一致させる努力をおこたっていた。それが当時、米国製の商品が日本で売れなかった最大の要因だったのです。

しかし、その後、米国は日本経済の強さを謙虚にかつ熱心に学びました。そして、つぎつぎに成長の原理に沿った改革を行い、その結果、ＩＴ革命をテコに成長し始めたのです。米国経済の復活はそれまでと逆に、自国の内的条件を他国の外的条件にきわめて素直に適応させた、その柔軟さによるものです。この現象を象徴的に表しているのが自動車と電子機器です。米国から日本に輸出される車はいまでは右ハンドル仕様に変わり、電子機器なども日本市場向けにつくられるようになっています。

条件適応のための行動をすみやかにとるか、とらないか。それが私たちの盛衰を分けるのです。

市場の「好み」を最優先する企業が成長する

『人を動かす』（創元社）を書いたD・カーネギーがこんなことを言っています。私はイチゴミルクが好きだ。しかし魚はどういうわけかミミズが好物だ。だから私は、魚釣りのエサにはイチゴミルクではなくミミズを使う――。

人を動かすには、自分の好みでなく人の好みを優先させること。内的条件を外的条件に合わせることが重要だという教訓です。言われてみれば当たりまえのことですが、その当たりまえのことが私たちはなかなかできません。

生産者側の論理＝プロダクトアウトの発想では市場のニーズをすくいとれないのです。「顧客満足のためには、消費者側の論理＝マーケットインの発想で物をつくり、お客さまの『心地よさ』を満たさなくてはダメだ」。いくらそう言われても、つい自分のやり方、自分の好みを優先させてしまいがちです。

自社の製品や技術に自信がある会社ほどこの落とし穴にはまりやすいので要注意です。たとえば車の例を続けると、「技術的には最高水準の車だったが売れなかった」ということがしばしばあります。旧モデルとの部品共有率一〇％以下といった謳《うた》い文句で、技術の粋《すい》を集めた革新的な新商品を売り出しても、市場からソッポを向かれることはけっしてめずらしくありません。

つまり技術的に最先端のものが、いつもお客さまに受け入れられるとはかぎらないのです。すぐれた技術者ほど、「誰もつくっていないもの」をつくりたがるものですが、それがイコール「誰もが欲しがるもの」とはなりません。なぜなら、つくる側が外的条件（消費者のニーズ）よりも内的条件（技術）を優先させてしまうからです。それは企業や技術者の自己満足、ひとりよがりであって、「独創」のつもりが「独走」になる。いわば、エサにミミズでなくイチゴミルクを使ってしまうから、魚が釣れないのです。

逆にいえば、自分の好みより相手の好みを優先させ、市場の好みに企業の好みを合致させたとき、そこにお客さまの「心地よさ」が生じて商品は売れ、企業は成長していきます。前にもいいましたが、この条件適応による心地よさを追求した商品で売れないものはないといっていいと思います。

私の妻が大型タイプの車を購入しようと販売店に出向いたところ、大型車に試乗してみるとバックがほとんど見えないことに気づきました。そこでやむなく中型車に変更しました。日本の女性の多くは、自分の好みの色やデザインの車を自由に選ぶことができず、自分の身長によって車を選ばなければなりません。

逆に、日本車というのは日本人の身長に合わせて車体が低くできています。しかし最近の若者は背が高くなっていて、運転するときに頭がつかえることが多いのです。

いずれも、商品がお客さまの心地よさという外的条件にきちんと適応していません。そこでたとえば、自動車ボディの加工メーカーであるD社が、既存メーカーがつくった乗用車の車体と内装を年配者向けに改造して売り出したところ、納車が間に合わないほどの好評を博したといいます。

また北陸にあるM社が、あるメーカーの車をクラシックカー仕様に改造し、やはり車検をとって発売したら、これまた製造が追いつかないほど売れ、全国の愛好家にM社の名が知れ渡りました。同じ製品でも、お客さまの好み、心地よさをより多く満たすようアレンジしたものは、よく売れます。それは「条件適応の原理」に即しているからです。

私は海外旅行をするとき、世界で販売されているコカ・コーラの飲み物を現地で必ず飲むようにしています。すると国や地域によって、味や容器のデザインを微妙に変えていることがよくわかります。そして同じ商品でも、日本で売られているものは私の舌に合うが、外国で売られているものはあまり好みではありません。

それはとりもなおさず、それだけ現地の地域性や嗜好《しこう》に合わせた販売をしていることの証しで、そのように地域や場所によって微妙に変化する心地よさという外的条件にこまやかに対応しているからこそ、その飲み物は世界で売れているのです。

市場の要求する「ぜいたくなほどの」心地よさ

地域によって味やデザインを変えるといえば、カップ麺《めん》などもそうです。そのカップ麺の元祖である日清食品のカップヌードルが登場したとき、私はそれを世紀の大発明だと感じたものでした。

私は二十世紀の発明ベスト二〇というのを個人的にランキングしています。ご参考までに紹介してみましょう。

①ＩＣ、②インターネット、③ヘッドフォンステレオ、④ナイロン、⑤テレビジョン、⑥ラジオ、⑦コピー機、⑧パソコン、⑨電卓・電子辞典、⑩電気炊飯器、⑪ミサイル、⑫全自動カメラ、⑬デジタル時計、⑭カップ麺、⑮携帯電話、⑯コンパクトディスク（ＣＤ）、⑰飛行機、⑱原子力発電、⑲レーザー、⑳カラオケ

選出や順番に異論のある方もいるでしょうが、世界中で大きなビジネスに発展した発明品で、人間の快適な生活に不可欠なものという前提で選ぶと、私的にはこうなります。

ほとんどがコンピュータなど最先端の科学技術を必要とする品物ですが、異色なのが日本発のカップ麺です。なぜ、カップ麺が世紀の発明品なのか。それが条件適応の原理にみごとに即した創造物であるからです。

カップヌードルをはじめとするカップ麺の最大の特長は、お湯を注ぐだけで食べられること。それからパッケージがそのまま容器（食器）になっていることにあります。そのため、きわめて簡単に手間も時間もかけずに食べることができるのです。必要なら、買ったその場でお湯を注いで食べることも可能です。容器も断熱効果の高い素材でできているので、手に持っても熱さを感じなくてすみます。

こうした特長が、手軽に、スピーディに、かつおいしく食べたいという現代人のニーズ、市場が求める「ファストフード的な」条件にピタリ符合したため、カップ麺は世界的な食品にまで成長したのです。しかもカップ麺ほど、世界各地の人々の好みや習慣に合うよう、その味つけや食材がこまかく工夫されている商品はありません。

市場の好みにていねいに対応し、消費者の要求する「ぜいたくなほどの」心地よさを十分に満たすマーケットインの発想。それがみごとに製品化された、条件適応型商品の典型――私がカップ麺を歴史に残る発明品であると〝独断〟するのはそのためです。

世紀の発明といえるかどうかはわかりませんが、じつは私の開発した「ウエハラサイクル」も、この「条件適応の原理」の活用から生まれたものです。
「海洋温度差発電」の施設は、当然ながら、陸上よりは海上に建設したほうが効率的であり経済的です。そこで発電施設は船や潜水艦のような形の構造物の中に入れることになります。陸上とは外的条件がかなり異なるわけです。ということは、陸上で使用している部品やシステムをそのまま使ったのではむしろ不都合な場合も出てきます。外部条件の変化に対応できる新しい部品やシステムが必要になってくるわけです。

前に少しふれた「ウエハラプレート」——板状の熱交換器はこの条件の変化に適応するために開発されたものです。つまり、それまで陸上で使われていた円管を用いた熱交換器をそのまま海洋でも使おうとすると、エネルギー効率の関係からかなり大型の機器が多数必要になります。しかしこのウエハラプレートを使用すれば、機器の規模も小さく、その数も八分の一くらいですんでしまうのです。すなわちウエハラプレートは条件適応の原理の産物にほかなりません。

あるいは、これも以前に述べましたが、作動流体に水でなくアンモニアと水の混合物を用いたことも同じです。表層と深層の海水温度差が小さいという、発電には不利な外部条件をクリアするために、作動流体という内部条件のほうを変えたほうがいいのではないかと思ったのです。それがアンモニアと水の混合物という新しい作動流体の発見につながったのです。

話を戻しますが、企業は生き物、企業自体が成長物です。したがって商品の開発販売ばかりでなく、会社の経営法そのものも、「条件適応の原理」によって変えていかなくてはいけません。

家族だけで始めた創業期と、年商百億円に達し株式の公開も視野に入ってきた成長期では、企業を取り巻く外部条件は天と地ほど変わっています。そうすると当然、会社のあり方も変えなくてはなりません。ヒト、モノ、カネをはじめ、必要な情報や組織の形態、経営理念などを変え、整えなくてはならないのです。

すなわち企業規模や成長度（外的条件）に応じて、企業経営のやり方（内的条件）も変えていかなくてはならない。たえず変化する市場の条件に迅速柔軟に対応し、適応していける変化率の高い企業こそが成長の継続を可能にするのです。

組織は、隆盛したまさにその理由で衰退する

むろん条件適応が成長に欠かせないことは個人でも同じです。近ごろは、その傾向は薄

れてきたようですが、寄らば大樹の陰で就職先に大企業を選ぶ人はまだまだ多いように思います。やりたい仕事やキャリア形成よりも、大きな会社に入って将来的な保障を得たい。そういう安定志向を何より優先させるのです。

しかし大企業だってつぶれる時代。そんな変化の激しい時期には、その安定志向ゆえに、かえって「条件不適応」を招く危険性も小さくありません。

ＪＲがまだ国鉄であったころ、非効率の極みのような経営を続けて、毎年膨大な赤字を累積《るいせき》していましたが、国営だからつぶれない、親方日の丸ほど安定条件はないと、国鉄に就職を希望する学生は多かったものです。

ある年、私の教え子の一人がやはり国鉄に入りたいと言ってきました。彼の父親が国鉄の職員で、これほど安定して労働条件もいい職場はない、おまえも必ず国鉄に勤めよといつも聞かされていたからというのです。

私は、「いまはいいかもしれないが、国鉄は将来危ないと思うよ」と答えて、彼には別の会社へ行くようにすすめました。すると後日、その父親が訪ねてきました。

「先生は、国鉄に将来はないと言ったそうだが、いい加減なことを言わないでほしい。息子を国鉄に入れて幹部にするのが私の夢なのだ」

そう言って、強い口調で私を責めたのです。

「その親心はわかりますが、息子さんは幹部になれませんよ。なぜなら、そのときまで国鉄はもちません。私はそう踏んでいます」

「そんなことは絶対ありません。国鉄ほど立派なところはない」

そういって、その父親は国鉄がいかにいいところかを語ってくれました。いわく組合のおかげで労働条件がいいこと。仕事が終わると全員が風呂に入れること。職員には家族パスというのがあって、一般よりかなり安い料金で家族が旅行できること。何より収益が上がらなくても国が補ってくれること。そういうことを得意気に話してくれたのです。

しかし、その父親がいい環境だと自慢する、まさにそのことのために私は国鉄の将来は危ないと考えていました。

つまり旧国鉄は競争原理が働かず、悪平等がはびこり、やる気と刺激に乏しい労働環境。赤字を税金で埋める経営の非効率と甘え。リスクやサービスやコスト意識の欠落。さらに、その創造性のない内部環境を、外部条件がどうあろうと変えようとしないまさに「条件不適応」の体質だったからです。

そんな組織に創造性や競争力が生まれるはずがありません。ましてや将来の成長など望めるわけがありません。私がそれを指摘すると、お父さんは席を蹴《け》って出ていってしまいました。そして望みどおり息子を国鉄に入れたのです。

しかし、それからひと月もたたないうちに、息子は自ら国鉄を辞めてしまいました。そして私のところに父親と訪ねてきました。私は彼に聞きました。

「あれほどまでに憧《あこが》れていた国鉄を何で辞めてきたの」

すると彼は「入ってみたら先生の言うとおりで、将来に希望をもてません。もう一度、この研究室で勉強し直したいのです」と、そう言って、父親と深々と頭を下げるのです。

結局、この学生は大学院で修士課程を終え、その後、有力電気メーカーに職を得て、いまはそこの幹部になっています。

大きなものや安定したものに、ただそれだけの理由で身を添わせることが「適応」なのではありません。むしろ、それは不適応に通じやすい。組織は隆盛したら必ず、それと同じ理由で衰退するものです。以前の外部条件に適応したから大きく成長してきたのですが、そこにあぐらをかいて外部条件に適応する自己変革をおこたれば、たちまち、それまでの有利は不利と転じて不適応の烙印《らくいん》を押されてしまう。

少なくとも、私たちが生きているいまという時代は、そういう変化の激しい時代です。それは今後、加速されることはあっても減じることはないはずです。そんな状況下で成長を遂げていくには、外部の変化を察知する鋭敏なアンテナと、たえず自己変革を厭《いと》わない強い意欲と意志をもつことが大切なのです。

健全なリスクこそ、人や企業を成長させる

条件不適応というのはリスクを背負うことを恐れる心からも生じるものです。言い換えれば外的条件に適応して成長していくには、リスクを恐れないことが重要です。

経営者の集まりに招かれて企業成長の条件について話すとき、私はまず、最初に「企業活動とはリスクを背負うことだ」と話します。「リスクがゼロの組織は企業ではない」と断言することもあります。すると、必ずといっていいほど会場から驚きの声が上がります。

多くの経営者は経営リスクをいかに小さくするかに心を砕《くだ》き、リスクのない経営を理想と考えています。そんな人たちにとって私の話はデタラメに聞こえるかもしれません。

しかし健全なリスクこそ、人や企業を成長させる原動力になります。前に創造には不安がつきものといいましたが、成長にもリスクがつきもので、それこそが人を育てるのです。リスクを背負わない企業は成長しません。

多くの企業経営者が「ない」ことをよく嘆きます。しかし、「ないこと」はすべての成長の出発点です。日本の戦後がそうでした。勤勉さと潜在的な技術力の他には文字どおり何もない、ほとんどゼロからの出発でしたが、けれども、そのことが日本をここまで成長

させた要因ともなったのです。

なまじ石油などの資源に恵まれていたら、それに頼って、持ち前の勤勉さを発揮することなく、現在のような多種多様な産業も興らず、その生産性も技術力も低いままであったでしょう。エネルギー資源に乏しいというリスクが国民の脳細胞を活性化して、能力や知能水準を向上させていったのです。その意味で、「ない」ということは創造活動の強いモチベーションとなります。リスクを背負っているから、そのリスクを解消しようとして知恵を絞るし、行動を起こす。人間は基本的には怠け者ですから、リスクがないと行動への動機づけをいちじるしく欠いてしまうのです。

私は一代で大企業をつくった名経営者と呼ばれる人物に何人も会ってきました。いずれも、ないないづくしの徒手空拳《としゅくうけん》の状態から事業を起こし、つぎつぎに降りかかってくるリスクやピンチを克服することで成功への道を歩んできた人ばかりです。最初から条件がそろい、環境が整っていて成長し続けた人などほとんどいません。

反対に、その二代目や三代目になると、成長が鈍ったり止まってしまうことが多いのは、初代が築いた恵まれた環境を苦労せずに与えられるため、「リスクという財産」に乏しいからにほかなりません。

成長にとって、「ないこと」はむしろ有利であり、リスクは歓迎こそすれ嘆くものではないのです。そこをもう一つわからない経営者が、たとえば「わが社は無借金の健全経営だ」と胸を張ったりします。

しかし借金のない会社ほど優良だという常識は、じつは半分しか真実ではありません。理想はキャッシュフローも豊富だが、片方で借金もちゃんとあるという状態なのです。預金と借金のバランスがうまくとれている。そういう会社が伸びるのです。それは借金を返そうという努力が成長の原動力になることもそうですが、借金すれば銀行とのつきあいが深くなって、その後の資金調達に何かと便利になるという実用的な効果もあります。銀行から一銭も借りていないということは、一銭も銀行に儲《もう》けさせていないということで、こういう会社とは銀行でなくとも浅い関係しか結べないものです。

つまり、銀行との関係を良好にしておくためにも借金は必要であり、だから預金もあるが借金も抱えている状態が、成長するためにもっとも適当といえます。企業経営においては、適正な支出なくしては利益が出ないように、健全な借金＝リスクなくして成長はないと心得ることが肝心です。

私が成長企業に株式公開をすすめるのも同じ理由からです。いろいろ経営上の制約を受けるからと株式の上場をいやがる経営者もいますが、たしかに情報の公開や株価維持など、株式を公開するとさまざまな義務や責任が生じるものです。しかし、その「リスク」を背負った責任感や緊張感が、やはりさらなる成長要因となっていくのです。

また、私は「設備投資は不景気なときにしろ」とよく言います。ふつうは逆で、儲かっているときに設備の拡大や人材確保に精を出します。しかし好景気のときは、それらのコストも割高になります。だから、そういうときには利益を蓄積しておいて、不景気になったらそれを投資に回せばいいのです。

不景気に設備投資を行うのはリスクにはちがいありませんが、だからこそ安くすむし、効果も大きいのです。実際、私が指導しているグループでは、バブル期の設備投資を避け、その崩壊後、景気が底をついたころを見計らって、新工場の建設など設備投資に乗り出すようにしました。その戦略をとった企業はいま順調な成長カーブを描いています。

リスクがある——しかし、そのリスクを克服する過程こそが、そのまま条件適応のプロセスであり、リスクのもつマイナス面をプラスに転じる行為こそがすなわち成長なのです。

ハンデを「前向きに」背負うということ

いまはあまりそういうこともなくなりましたが、私が佐賀大学に職を得た当時、地方の大学には金もなければろくな資料もない。こんな大学では何もできない。そう嘆いて、研究をほとんどしない先生がいたものです。

それも無理からぬところがあって、たしかに地方の大学では研究費も少なく、文献にも乏しく、同じ分野で切磋琢磨《せっさたくま》して研究を競う人にも恵まれません。そのようなハンデを抱えながら、中央の一流大学以上の研究業績を出すことは至難の業といってもいいのです。

けれども、だからといって手をこまねいていたら、その差はもっと開くばかりです。その条件上のハンデを何とか克服して研究水準を上げなければなりません。いや、それを逆に活用して、リスクをチャンスに、弱みを強みに転じる努力をしなければ人間は成長を遂げることなどできないのです。

そこで私が、「海洋温度差発電」の実験道具を買いそろえるため、廃品回収業者のところへいってひと山いくらの中古機材を調達、手作りの装置をつくったことは前に述べたとおりです。次に、私は発想を逆転させて、地方大学の強みに目を向けました。それは都会よりもはるかに安い価格で広い土地を手に入れることができるということです。

この点を利用して、私は東京や京都ではできない大型の設備や装置をつくり、より現実的な実用に近いデータをとろうと考えました。そうすれば多くの人が注目してくれるはずです。そのため研究に使用する実験装置は一般の工場並みの規模のものをつくり、億単位の実験プラントもたくさん建設してきました。

リスクやハンデを不利だと考えてしまったら、そこで成長は止まってしまいます。しかし、それをむしろ強みだと考え、前向きに背負ったとき、そこにおのずと道が開けてくるのです。繰り返しになりますが、有利不利というのは相対的なもので、そのときどきの条件の変化で有利が不利になったり、不利が有利に転じることはけっしてめずらしいことではないのです。

かつて米国では、テレックスが通信手段の中心だったのでファクシミリの普及が遅れました。しかし、そのおかげでインターネット通信があっという間に普及しました。中国などでも、情報インフラが整わないためにケーブル電話の発達はずいぶん遅れましたが、その不利が有利に転じて、いま携帯電話が猛スピードで浸透しています。

また、人間は誰でも底知れない可能性をもっているもので、身体上のハンデをものともせず、健常者よりもはるかにすぐれた能力を発揮する人も少なくありません。

かつて、私の知人に鍼灸《しんきゅう》師の方がいました。この方は全盲でしたが、独自の技術を開発し、私を含め多くの患者を治していました。いつ行っても治療所は満員でまさに門前市をなしていて、収入もおそらく私の二、三倍はあるのではないかと思っていました。

この先生があるとき、バルーン（熱気球）に乗ってみたいと言い出しました。

私が熱気球の専門家の知り合いのことを話していたら、それを聞いて、ぜひ、空中の旅を経験してみたいと言い出したのです。そこで、知人の世話で先生と私が同乗することになりました。乗り込んで離陸すると、まもなくバルーンは高度六〇〇メートルに達しました。私にも初体験の高さですが、先生は怖がるどころか、じつに愉快そうにカゴから身を乗り出さんばかりです。

やがて先生は、はるか眼下を指して、こう言われました。「ああ、広いですね。あの田んぼは広くてきれいだ」。私は驚いて見下ろすと、たしかにそこには広大な稲穂のじゅうたんが広がっています。次に、「空から見る山の青さも格別ですね」。なるほど視界の果てに遠く紺青の山肌が控えているのです。私はすっかり度肝を抜かれてしまい、地上へ戻ってから、「どうして先生は、私たち以上に物が見えるのですか」とたずねずにはいられませんでした。すると先生はにこやかに、とくに気負いもなくこう答えられました。

「もちろん目では見えません。でも、物を見る器官は必ずしも目とはかぎりません。心眼で見るといえば格好よすぎますが、私たちは目の代わりに、手で見、足で見、顔で見るのです。たとえば高さは足の裏の感触でだいたいわかります。広さは手で感じることができます。物の形だけでなく色も識別できますよ」

すごい、すばらしいという言葉を、私たちは案外簡単に使いますが、このときほど「すごい」という実感が胸に迫ったことはありませんでした。そんな彼の、どこがいったい障害者なのでしょう。ハンデを常人の及ばない超のつく能力へと転換させていたのです。

やはり全盲のうえ、手足も不自由で動かないという知人がいます。この方は以前、そのハンデに絶望して自殺を図ったことがありました。さいわい未遂に終わったのですが、「なぜ死なせてくれない」とわめいていました。

そこで私は、わずかながらの生きがいともなればと思って、彼に短歌をすすめました。私は以前、下手な短歌をつくっていたことがあったのです。

私に促されて、しぶしぶ作歌を始めましたが、どうも彼の性に合わないようで、やがて短歌より川柳をやってみたいと言い出しました。しかし川柳には私のほうが疎い。そこで彼は自己流でつくり出したのですが、これが「すばらしい」のです。その視点や言葉の鋭さといい、機知といい、一流の作品をどんどん生み出して有名になり、ついには相当の数の弟子もできて、結局、その道の大家になってしまいました。

彼からときどき代筆の手紙をちょうだいしましたが、そこにはいつも、「こんな私が、こんな幸せな人生を送れるとは思ってもみませんでした」と記してありました。

「ない」ことを嘆いていたら、いつまでもハンデはハンデのまま、不幸は不幸のままです。「失ったものを嘆くより、残されたもので何ができるか」。それを懸命に考え、必死に実践したとき道が開けてくるのです。ハンデを前向きに背負ったとき、弱みが強みに、不利が有利に転じて成長への大きな原動力となることを、私は彼から教わりました。

自分の強み、弱みを因数分解する

弱みを強みに変えるためには、それ以前に、自分の弱みは何で、強みは何かを知る必要があります。いわば自分の弱み、強みの棚卸しです。

一般に、日本人は自分の弱みを指摘することには熱心ですが、強みの認識や主張には不得手なところがあります。謙譲の美徳のなせる業なのでしょうが、短所ばかりでなく、長所もきちんと把握しておかないと自分を伸ばしていくことはできません。

なぜなら、物事はその本質を分解することで達成のための具体的な方法論が浮かんでくるものです。自分の弱み、強みを分析することは、特性や特徴を因数分解することに通じ、そこから自分の適性とか、能力を伸ばし、生かすための方法論が見いだせるからです。

私はかつて、自分の強みと弱みは何かと自分なりに分析しました。その結果、強みは、田舎者《いなか》であること、コツコツやるのが得意であること、地方の大学に勤務していることにあるとわかりました。角度を変えれば、これらはどれも同時に弱みでもある要素です。それを強みとして生かすにはどんな研究をすればいいのか。それを一生懸命考えた結果、「海洋温度差発電」というテーマに行き着いたのです。

このことは「成長の原理」の第五の原理である「分離・再結合の原理」につながる話です。「分離・再結合の原理」の定義は、「成長物の内的条件と外的条件の機能をそれぞれ分離し、お互いが適合するように再結合すると、成長物は成長していく」という、ややむずかしいものです。

企業でいえば、自社のもっている弱みや強みを分析・分解し、そこからお客さまが求めるニーズに合致する要素を抜き出して、それらを再び構築し直すこと。それが成長の秘訣《ひけつ》であるということです。

物事（商品）を成立させている内的条件――その機能、プロセスなどをいったん要素ごとに分解して、外的条件に合わせて、再度それを結びつけたり、組み立て直す。するとそこに、それまでなかった新しい発想や創造が生まれるのです。

いうまでもなく、要素を分析、分解する作業が「分離」にあたり、それを組み立て直す作業が「再結合」にあたります。ですからこの成長のための第五の原理は、これまで述べてきた四つの原理を具体化するための実践的な方法論ともいえます。

人間の能力は掛け算だと前に述べたのも、この原理の人間への応用からです。IQという知力だけでなく、忍耐力とか行動力、熱意、意志力、人間的なやさしさといったEQも含めた、私たちのもつ特性や特徴をすべていったん要素ごとに分解し、それを掛け算によって再結合する。そのことで人間の能力が正確に測れるのです。

稲盛和夫氏は、「人生・仕事の結果＝考え方×熱意×能力」であると言っています。土光敏夫氏も、「人間の活力＝知力×（意志力×体力×速力）」として、知力を基本に、意志の強さ、健康な体、物事をなすときのスピードを備えることが人生を豊かにすると述べておられました。余談ですが、土光氏はほとんど病気をされたことがなく、いつか、私がカゼをひいて微熱がありますと言ったら、「カゼをひくのは意志が弱いせいですよ」とクギを刺されたものです。意志や体力もまた人間の能力の重要な要素であることを、一流の人ほど熟知しているということでしょう。

J・ウェルチにみる「分離・再結合の原理」

「分離・再結合の原理」を企業経営に活用した最良の例は、GE（ゼネラル・エレクトリック）社のJ・ウェルチであると思います。彼は同社の会長に就任すると、まず「分離」をキーワードにつぎつぎに経営改革を行い、新戦略を打ち出しました。すなわち、

・自分の企業の強みと弱みを区別する。
・自社の事業部門を大きく、中核製造業、技術、サービスの三つに分離する。
・事業のなかで、業界で一位、二位のものと、三位以下のものを分離する。一位、二位のものはさらに重点的に強化を図り、売り上げを伸ばし、三位以下のものは、「直すか、売るか、閉鎖する」。これが有名なウェルチの「一位、二位理論」。
・社員を、上位二〇％をAランク、中間の七〇％をBランク、下位一〇％をCランクの三つに分類して、それぞれに見合った処遇を行う。これは「GEのバイタリティ・カーブ（活性化曲線）」と呼ばれるもの。

いずれもすぐれた活性化策というべきで、とくに一位、二位理論などはきわめて合理的で多くの日本企業がこれをまねしています。

いずれの改革案も「分離」を基本にしていて、そこから強みはさらに強くし、弱みは修正するための再構築＝再結合を行っていることがよくわかります。

ウェルチの経営革新の目標は、社内の官僚体質の打破と社員の創造性の向上にありましたが、それは、この「分離・再結合の原理」によって達成されたといっても過言ではない

でしょう。

あるいは、ワットの発明によって、熱を動力に変える装置として一躍ポピュラーになったのが蒸気機関ですが、その基本的な原理は簡略にいえば、システムを圧縮→加熱→膨脹→放熱の四つの機能に分離し、一つのサイクルとして再結合したものです。

しかしワット以前は、これらの機能は分離しておらず、一つのシリンダがすべての役割を兼ねていました。それがワットをはじめとする創造的な研究者の発明によって、それぞれがしだいに分化されていき、現在では、圧縮はポンプが、加熱はボイラーが、膨脹はタービンが、放熱は復水器が担当するようになり、さらにそれらの組み合わせを工夫することで、エネルギーをより効率的に取り出すことが可能になったのです。

ですから、蒸気機関の進歩の歴史は「分離」と「再結合」の歴史といってもよいものなのです。そのように機能の分離、再結合を繰り返すことで進歩してきたのは蒸気機関に限ったことではありません。物理学や医学の分野などでも広く多く見られる現象で、「分離・再結合の原理」は科学の進歩、成長には欠かせないものなのです。

私は講義のとき、学生に対して、

「お米とご飯はどう違うのか」

「水と蒸気はどこで区別するのか」

といった答えに困る質問をします。誰もが当たりまえだと思っている常識、疑ってみたこともない既成概念に疑問をもつことほど創造に必要なことはないからです。

なぜ、どうしてという疑問が分析につながり、その分析は常識や概念の「分解」に通じます。分解はまた「破壊」のことですが、破壊こそは創造の始まりです。経済学者のシュンペーターの唱えた「創造的破壊」が成長にとって何より大切なのです。

むろん研究分野ばかりでなく、私たちの日常生活のいたるところに、この「分離・再結合の原理」の活用が見られます。

前にも述べたカップ麺などもそうで、麺とスープ、さらに肉、タマゴ、エビなどの食材はいったん分離され、別の方法で加工されたのち、別々に包装されて、同じ容器の中に再結合されています。また単純な例ですが、サシミを盛る場所としょうゆを注ぐくぼみを一つの皿に備えたサシミ皿なども、機能の分離、再結合の一例といえましょう。

商品そのものだけでなく、たとえばマーケティングにもこの原理は大切で、消費対象を性別や年齢で分割して購買の中心層やその傾向を探る、いわゆるセグメントはすでにマーケティングの常識になっています。

あるいは「心地よさ」もそうです。消費者の心地よさも「ひとかたまり」のものではなく、洋服なら、価格、色、形、デザイン、着心地、生地のグレード、ポケットの数といった機能など多くの要素に分解できる。店のレイアウト、雰囲気（照明や音楽）、立地、客層、店員の応対ぶり、宣伝のやり方など、そのサービスや情報提供のやり方によっても心地よさはずいぶん異なってきます。

したがって、それぞれの要素に分解、分析して、お客さまがより強く求めるファクターだけを優先して結合し、商品やサービスに反映させていくこと。それが売れる商品をつくるコツであり、商品を売る秘訣なのです。

すぐれた発想を生む思考法には、大きく三つあるように思われます。一つ目は問題解決法。問題点や不備を見つけて、それを解消しようとするところから新しい発想、創造が生まれるのです。二つ目は水平思考。丸いものを四角にしたり、大きいものを小さくしてみることです。「ウォークマン」は後者から生まれたものです。

そして三つ目が、組み合わせ法。ラジオとカセットを組み合わせてラジカセにすることなどですが、その組み合わせを行うためには、その前に要素を分解して、それぞれの機能やプロセスを洗い直してみる過程が不可欠です。このことからも、「分離・再結合の原理」が創造と成長に欠かせない必須《ひっす》条件であるのが明らかだと思います。

5章

人間は成長するようにできている

「新たな創造性」に耳を傾ける寛大さが人を伸ばす

いまから三十年ほど前、私が「海洋温度差発電」の作動流体の開発におおよそのめどをつけかけたころ、九州の福岡で、エネルギー関係の学会ではもっとも多くの人が参加する「日本伝熱シンポジウム」が開かれました。

このシンポジウムは講演後の質疑応答がひどく「きびしい」ことでも知られ、学会の実力者たちが講演者に鋭い質問をつぎつぎに浴びせるため、なかには、その激しさに講演者が立ち往生してしまい、座長に抱えられて降壇するといった光景も見られるほどでした。

その年は第一次石油ショックの後で、日本中がエネルギーの将来に不安をもっていたこともあって、いつも以上に多くの学者や専門家が集まっていました。そこで公式の講演の他にも有意義な議論の場をつくろうということで、インフォーマルフォーラムも企画されました。テーマは「代替エネルギーの可能性について」。ここで私は、海洋温度差発電の将来に関して話をしてくれるよう頼まれたのです。

非公式の場であり、依頼してきた方が私の尊敬する学者だったこともあって、私は自分の考えを述べるいい機会かもしれないと二つ返事で引き受けました。そして講演では、海洋温度差発電の原理や具体例、将来の展望について話し、最後に、それは人類を救う新エネルギーになりうる可能性がある——と結んで話を終えました。

ところが話が終わるや、会場のあちこちから非難の声が上がり始めました。前にふれたように、海洋の温度差が小さすぎる点に関して、ある方が「上原さんの考えは間違っている」と指摘したのを皮切りに、学会の実力者と呼ばれる人たちがつぎつぎに立ち上がって、幼稚で無意味だ、すぐに研究をやめるべきだ、同じ研究者として恥ずかしいなどと発言されたのです。

それは批判を通り越してほとんど罵倒《ばとう》でした。なかには私を、「おい、上原」と呼び捨てにして、研究ばかりか私の人格まで否定しかねない論難を加えてくる方もいました。最初はだまって聞いていたのですが、あまりの激しい攻撃に私も堪忍袋《かんにんぶくろ》の緒が切れて、「批判は甘んじて受けますが、私の理論計算どおりの熱交換器やタービンが開発できれば、海洋温度差発電の実用化はけっして不可能ではないはずです。こういう新しい研究は、先生方のような頭のいい方よりも、私のような頭の悪い人間に向いているのです」

そう言って研究をやめるつもりはないことをつけ加えて演壇から降りました。IQよりもむしろEQが大切であることを知ってもらいたかったのです。しかし先生方は、「上原は『オレはおまえたちより頭がいい』と言った」と正反対の意味に曲解したようで、それが彼らの逆鱗《げきりん》にふれて、その後、長く私を窮地に陥《おとしい》れることになりました。

たとえば、当時の文部省から科学研究費を得るべく何度も申請を出し続けましたが、それから十五年くらいの間、一度も予算をつけてもらえませんでした。そのときの実力者たちが研究費審査の委員にも名を連ねていたため、私の名前を見ただけで、これはダメと最低点をつけていたらしいのです。

しかし、捨てる神あれば拾う神ありで、私の研究を支持してくださる方も少なくありませんでした。

当時、通産省のサンシャイン計画本部で課長をされていた池口小太郎氏などはその一人で、氏は私のプランを高く評価してくれ、一億円という多額の予算をつけてくれました。それをもとに、佐賀県の伊万里《いまり》に「海洋温度差実験所」を建設したのです。

ご存じの方もおられるでしょうが、氏はその後通産省を退官されて、いまは堺屋太一というペンネームで作家や評論家として活躍されています。また科学研究費こそもらえませんでしたが、文部省の多くの人たちが海洋温度差発電の重要性を見抜かれて、長期にわたって地方大学としては異例の多額の予算をつけてくださいました。

この経験から、私は多くのことを学びました。新しく創造性の高い研究ほど既成の勢力からの反発が大きいこと。やがてスタンダードとなるものも、最初は異端視されること。

とくに日本では新しいものへの反発が大きく、それが日本人の創造性を阻害している原因の一つであること。

そういうことを肌で実感した私は――現在はもう老人の仲間ですが――年配者は若い人の邪魔をしてはならない、と強く思うようになりました。

先人は後進に道を開いてやる責務があります。そのためには若者の意見に耳を傾ける謙虚さと柔軟さ、彼らの先進性を理解する識見、それを見守る寛大さ、支援できる能力。それらを養うことが「偉い」立場にいる人の本当の役割である――そんな教訓を得ることもできたのです。

凡人が「成長ののびしろ」に恵まれる理由

「頭がいい人よりも悪い人のほうがことをなす可能性が高い」

多くの専門家に攻撃されていたとき腹立ちのあまり、つい口走ってしまった言葉は案外、ことの本質をついていたのかもしれません。なぜなら秀才よりも凡人のほうが創造や成長の「のびしろ」に恵まれているのです。世の中にはそんな実例が多くあります。

ＩＱが高く、頭がいいといわれる人はえてして、理屈に合わないことや自分に理解できないことを「間違っている」と決めつけたがるものです。なまじ、ものがよく見えるから、その欠点も目につくのです。それで、「そんな前例はない」「そのやり方は理屈に合わない」「その条件では無理でしょう」といった否定的思考をしがちです。

また、そうした否定的思考を頭のよさの証しのように考えたり、人より自分のほうがすぐれているという自負のため、人の話もあまり聞かない傾向があります。

その点、頭の悪い人は能力不足を補おうと、人の教えを素直に請い、他人の意見にもよく耳を傾けます。また、能力の不足を行動で補おうと、まずやってみよう、どうしたらできるだろう、わかるまでやろうと積極的思考をするようにもなります。理屈よりも実践を優先させる行動と工夫が、成長へのより強い動力になるのです。

それについては、こんな例があります。ある企業が人事採用をするにあたって、ちょっとした「いたずら」をしました。企業が成績のいい学生を採用するのは当然ですが、それと同時に、ふだんなら採用しない、成績も下から数えたほうがずっと早い「頭の悪い」学生も合わせてとったのです。

じつは仕掛け人は私で、自分の教え子のうち、成績がトップクラスの学生を一人か二人、その企業に毎年推薦入社させるのが通例になっていたのを、人事部にかけ合って、その年だけ、あまり成績のよろしくない一人の学生も抱き合わせで採用してくれないかと働きかけてみたのです。

その学生は成績はよくないけれども、素直でやさしい性格の持ち主で、面倒見もいい度量の大きな学生でした。いわばEQの優等生だったといえます。その彼とIQの優等生をコンビで入社させれば、必ず企業にとって大きな戦力になるはずだという確信が私にはあったのです。

とはいっても、そう簡単にことは運びません。私が助教授時代のことでしたから、主任教授からは、「あの学生を推薦しても通らない。何を考えてるんだ」とお小言をちょうだいしました。そこで入社試験を受けさせてみたのですが、やっぱり成績はビリに近い。会社の人事部のほうも面くらって、「先生の推薦とはいえ、これはちょっと……」と二の足を踏んでしまいました。

そこで私は、その会社の社長に彼をとってほしいと直談判しました。すると、さすがに社長は私の意図をすぐに理解してくれ、それは面白い、やってみましょうと彼の入社を請け負ってくれたのです。

その結果はどうなったか。もくろみどおり、いま、その学生は同期の出世頭となり、会社を支える人材に育っています。彼の下には東大を出たようなIQ秀才がたくさん働いており、将来会社を背負って立つ人材であることは間違いありません。

凡才が凡才であるがゆえに大きな成長を遂げたのです。人の成長はＩＱだけが保証するものではない。人間力というＥＱもそこに大きくかかわってくるのです。

こういうことはとくにめずらしいことではありません。やはり私の知っている会社で、ある事件が起きました。

無類の酒好きのある幹部が、酔っぱらって社長の経営手法に意見したのです。それに対しその社長は、「オレにゴマをするやつはいても、ズケズケ文句を言ってくるやつはいない、そんな人間でないと経営者は務まらない」と逆に重役ポストに大抜擢《ばってき》したのです。

抜擢したほうもされたほうも、ＩＱ型ではなくＥＱ型の人材だといえます、こういう人間によって、組織というのは支えられているものです。また、そういう人間に引っ張られた組織こそが伸びてもいくのです。

頭のいい人ほど「畳水練《たたみすいれん》」をしたがるものです。泳ぎを教則本で覚えようとするのです。しかし頭の悪い人は、まず水に飛び込んでみます。この差は考えているより大きいものので、秀才より凡人のほうが大胆に目標を達成してしまうのはそのせいなのです。

成果は「人」が運んでくる

歴史に残るような創造的な仕事をした人は、不思議なくらい一つの共通点をもっています。それは「学校秀才ではない」という点です。偉人の伝記などを読むと、学校は嫌いでまともに学校へも通っていないという例がほとんどなのです。

学校教育というものがステレオタイプの生産に重点を置いているため、個性が強く、創造性の高い人ほどその鋳型をいやがるのです。私も教育者の端くれですから、おおいに反省しなくてはならないことです。

もう一つ、創造的人間に共通して見られる特徴は、「人によく会う」という点です。成長する人は開放的で、わけへだてなく、どんな人にも気楽に会おうとするものです。とくに老いてもなお創造力豊かな人間は例外なく、若い人と会うことを好みます。

名刺の数が多ければいいというものではありませんが、親しくつきあうことのできる友人や知人の幅の広さが、その人の成長力を決定するといってもいいと思います。私も、私を訪ねてくる人には、事情の許すかぎり会い、もてなすよう心がけています。アポイントなしの不意の来客にも喜んでお会いします。

いまは、体調をくずしたこともあって、以前ほどは会えませんが、それでも幅広い分野の人と会い、多くの人を訪ね、さまざまな話を交わし情報交換をするようにしています。胸襟《きょうきん》を開いて親しく交流する――それを自分の役割とも楽しみともしています。「人」は財産にこそなれ、けっしてムダや損にはなりません。

ときどき、時間がもったいないからと人に会うのをいやがる人がいますが、お金や時間同様、「人をケチる」人で伸びた人間はあまりいません。

人が訪ねてくるということは、向こうから知識や情報がタダでやってきてくれるということです。それを拒絶するのは、成長の有力な機会を自ら閉ざしていることにほかなりません。

以前、知人を会社に訪ねて雑談をしていたとき、「先生のやっている海洋温度差発電で新しいサイクルを発明した人がいるようですよ。カリーナという人で、従来の作動流体に比べて、二倍もサイクル効率が高いそうです」と、その知人はカリーナ氏の特許公報を見せてくれました。

私は自分の開発したシステムに自信があったので、最初のうちは、それほど気にかけなかったのですが、念のため持ち帰った公報のコピーを講師に見せて、カリーナサイクルの理論計算をしてくれるように依頼しました。

しばらくして彼らが、「先生、これは本物のようですよ」と持ってきた計算結果を見て、私は衝撃を受けました。私のシステムよりも五〇％も効率が高いのです。

これはとんでもない差で、このままでは私の研究が後塵《こうじん》を拝してしまうばかりでなく、日本全体の発電事業も大きな損失をこうむることになる――そう思った私は、さっそく対策に取りかかりました。結果として、この危機感が、カリーナサイクルよりもさらに効率の高いウエハラサイクルの発明につながっていったのです。

このように有益、貴重な情報をもたらしてくれるのは、研究とは直接関係のない知人や友人であることが多く、それはとりもなおさず幅広い人脈が成果と成長の引き金になることを示しています。

また、人とたくさん会うと人がわかるようになります。人を見る目、人を見抜く力が自然に備わってくるのです。

私が生まれたのは長崎県の対馬《つしま》で、育った集落は対馬の穀倉ともいわれた豊かな米作地帯でしたが、ある事情から私の家だけは一枚の田んぼももっていませんでした。そのため父は家族を養うためにさまざまな事業を手がけました。その一つに、シイタケ栽培がありました。それも当時、主流であった天然栽培ではなく、いわゆるホダ木に菌（種駒）を植え込む、現在多く行われている近代的な方法です。

そのホダ木の伐採のために、父は近くの村落から人を雇い、幼い私も連れて山へ入りました。伐採の手伝いをさせられるのかと思っていたら、そうではなく、父は私に、「おまえは彼らの仕事ぶりをよく観察しておれ」と、クヌギやナラが丈を伸ばすけわしい斜面の上のほうに私を座らせました。

言われたとおり、その仕事をじっと見ているうちに、私にはだんだん木の伐《き》り方や倒し方の上手下手がわかってきました。仕事が進まない人たちは、たいていオノやノコギリの切り込みの入れ方がまずいのです。

あるいは、こんなこともわかってきました。仕事が進まない人たちは、一本倒すと必ず腰を下ろしてタバコを吸ったり、作業中はよくしゃべったり、とムダな動きが多いのです。それを父に言うと、父は「うん、そうか」と笑って、彼らのメンツをつぶさないように、効率のよい仕事のやり方を基本から教えていたようでした。

父はけっして私に告げ口をさせたのではなく、仕事ぶりを観察させることで、子どもの私にも、仕事のやり方や人の使い方、あるいは「人を見る目」を養ってもらいたかったのではないかと思います。その後、海で天草《てんぐさ》をとるために海女《あま》さんを雇ったときにも、私に同じ役割をあてました。

ともあれ、こういう経験の蓄積が人を見る目を養うことは確かです。なぜなら人は人の中で人を見ながら育つものであり、人は人によって伸びていくものだからです。成長したいなら人に会え、それも多くの人に会え——と私がすすめるゆえんです。

エネルギーを語ることは「未来」を語ること

「出会う人みな師匠」という言葉は本当だなと、つくづく感じることがあります。人は人に導かれて自分を変える契機を得、また、進むべき道を発見します。たとえば、私の高校時代の担任であった酒井実先生は、医学部をめざしてやせるほど勉強していた浪人中の私を下宿にわざわざ訪ねてこられ、「もう、それ以上勉強するな。キミには理学部へ進んで、対馬高校の物理の教師となって帰ってきてほしい」と言ってくれました。

私はこの言葉に導かれて、志望を医学部から理学部へと変更し、大学で物理学を学ぶうちに生涯のテーマとなる「エネルギー」に出合ったのです。

もし私が「人」に出会わなかったら、あるいは受験した医学部にすんなり合格していたら、いまのように「海洋温度差発電」に携わることもなかったかもしれません。

ですから私は、人間嫌いの秀才でなくてよかった、人間好きの凡才でよかったとつくづく思っています。

また、エネルギーに出合ってよかったと思う大きな理由は、それが社会の発展に直接役に立つ学問であり、技術であるという点です。エネルギーは世の中を動かす動力であり、社会を成長させるダイナモなのです。したがってエネルギーの動向をみることで将来の「社会のかたち」も読めてきます。

エネルギーと国のGDPが相関関係にあり、エネルギーを使うことで人間の脳細胞も活性化していくことは前に述べましたが、それはまた国の産業構造から人々の生活形態まで、あらゆる面に大きな影響を与え、政治や経済の動向までを左右します。

エネルギーを語ることは未来を語ることであり、エネルギーの変遷を読むことで、この先、何が起こるかをかなりの精度で予測でき、したがって何をすべきかも見えてくるのです。

私は授業中に学生に次のような質問をすることがあります。「アパートや寮の部屋にあるものを全部書き出してみてください」。すると机、ベッド、テレビ、ビデオデッキ、パソコン、エアコン……など家具や家電製品を中心に、じつにさまざまなものがリストアップされます。私はこれを三十年くらい続けているのですが、たとえば十年くらい前まで、学生の暖房器具の主流は電気こたつでした。いまは温風ヒーターが多くなっています。電話も三十年前には下宿の呼び出しが大半でしたが、やがて各部屋に固定電話が備わり、それもいまは携帯電話にとって代わられています。「やかん」も死語となって「ポット」に代わり、以前はぜいたく品だった冷蔵庫もいまは必需品になっています。

では、これから十年先、二十年先になくなるものは何か――これを考えることで、将来の経済動向や産業構造の変化の一端が見えてくるのです。と同時に、学生たちの生活もまたエネルギー（の変化）に左右されていることもよくわかってきます。

かつての火鉢がこたつに代わり、電気こたつがガスヒーターに代わる。やかんではなくポットで湯を沸かすようになり、エアコンや冷蔵庫も欠かせない……エネルギー源の変化に従って生活用品が変化し、生活形態や消費水準も変わっていくのです。

とくにこれからの時代には、エネルギーを無視して「成長」を考えることはできません。十九世紀から二十世紀にかけて、人間は石油、石炭、天然ガスなどの化石燃料をエネルギー源とし、それを多量に使用することで文明を発展させてきました。

しかし、それら化石燃料は有限で、このまま大量消費を続ければ枯渇の危機に瀕《ひん》してしまいます。そして、化石燃料の大量消費は、温暖化や酸性雨、オゾン層の破壊など地球環境を悪化させてきました。

したがって、これまでと同じようなエネルギー形態をとっていたのでは、人間は成長どころか、その生存すらあやうくなってしまうのです。既存のエネルギー源の不足や枯渇、環境汚染という大変化に条件適応できるように、私たちは産業構造やライフスタイルを変えていかなければいけないのです。

では、具体的にどうすればいいのか。一つは、いうまでもなく代替エネルギーの開発を急ぐことです。いま一つは、これからの産業や経済は「環境」というキーワードを中心に発展、成長させていくという点です。

すでに多くの分野では、さまざまな技術や商品が開発されていますが、産業廃棄物の処理技術やリサイクルシステム、あるいは二酸化炭素やアンモニアなどの自然冷媒を利用した冷暖房機や冷蔵庫などは、「環境にやさしい」商品やシステムの先例といえましょう。

また、自動車メーカーでは、ハイブリッドカーや燃料電池を利用した車も開発されています。

これからの企業は環境に配慮したビジネスや企業でないと、時代に適応できないし、消費者に心地よさを与えることもできません。したがって環境に配慮した経営をしないと企業を成長、発展させることはできないのです。そんな時代がもうやってきています。

海は「EQエネルギー」の無尽蔵な宝庫

文明を形成する要素にはいくつかありますが、私の考えでは、「人間」と「自然」と「道具」、この三つの要素から成り立っていたのが初期の原始文明です。そこに「技術」が加わって、文明は大きく進展しました。その段階を第一文明期と名づけるとすると、さらにそこに「法制度」がプラスされて、人間の文明はより近代的に洗練された第二文明期を迎えました。

しかし二十世紀の終わりごろから、さらに新しい「第三文明期」に入ったというのが私の考えで、そのいちばんの特徴は「地球環境の保全」という要素が加わったことです。つまり、それまでの人間、自然、道具、法制度に、「環境」も加えた六つの要素からなる新しい文明がすでに始まっているのです。

この第三文明は、それ以前の文明とは多くの点で異なっているのですが、いまはそれを詳しく紹介する紙幅の余裕がありません。掲げた図表を参照していただくことにして、ここでは、この新しい文明はいわば「環境保全系の文明」であり、環境を抜きにしては、私たちは成長発展していくことができないと認識していただきたいのです。

【20世紀と21世紀の違い】

項目	20世紀	→ 21世紀
社会の呼称	産業社会	→ 知識・情報社会
食糧生産の技術	機械による農業・漁業	→ バイオ技術による農業・漁業
工業製品の生産手段	少品種多量生産	→ 多品種付加価値品
電気製品	家電	→ 個電
家族の形態	核家族	→ ポスト核家族
女性の役割	主婦	→ パートナー
エネルギー源	化石燃料	→ 自然エネルギー
教育システム	規格化教育	→ 非規格化教育
企業の形態	大企業中心	→ 中小企業中心
自然の利用と保全	自然の開発と破壊	→ 自然環境の保全
資源の存在地	陸地・海岸	→ 海中・海底
市場の主体	生産者	→ 消費者

その環境保全のためには当然、エネルギーは最重要の問題となります。つまり私たちはライフスタイルや産業形態を変えていく一方で、既存の化石燃料に代わる新エネルギーを開発する必要に迫られているのです。しかも二十一世紀のエネルギー源は、前にあげた化石燃料の二つの欠点――有限であることと環境への悪影響――をクリアするものである必要があります。

仮に化石エネルギーを「IQエネルギー」とするなら、新しいエネルギーは地球環境に悪影響を及ぼさない、保全型の「EQエネルギー」である必要があるのです。しかも、それは大量に取り出すことができる自然エネルギーであるのが理想です。そこから私は、EQエネルギーをこう定義しました。

①常温付近で利用できるエネルギー源
②二酸化炭素や窒素酸化物を排出しないエネルギー源
③利用後、短時間のうちに元の地球環境に復元できるエネルギー源
④地球上に多量に存在し、比較的簡単に電気エネルギーに変換できるエネルギー源

そして、これらの条件を満たすエネルギーを求めて、私は三十年前に、その研究に着手したわけです。

当初はさまざまな自然エネルギーを考えました。太陽熱エネルギー、風力エネルギー、地熱エネルギー、排熱エネルギー、波浪エネルギーなどです。しかしすべての条件を満たし、私の能力と研究環境でも開発可能なものという制約も加味してみると、残ったのはただ一つ、「海洋温度差エネルギー」でした。

海の表面近くの海水は太陽の光を受けて温かく、その温度は亜熱帯や熱帯地域では二〇〜三〇度くらいあります。しかし太陽の光は水深三〇〇メートルくらいまでしか届きません。それより深くなると海水温度は急激に低くなり、水深一〇〇〇メートルでは、世界中どこでも一年を通じてほぼ六度くらいです。

この海水の表層と深層の温度差を利用すれば、火力発電や原子力発電と同じ方法で、海水だけで電気をつくり出すことができるのではないかと考えたのです。

たとえば火力発電では、石油などを燃やして水を加熱し、発生する高温の水蒸気（作動流体）でタービンを回して発電する。そしてその水蒸気は冷却水によって冷却されて水に戻るという仕組みになっています。この仕組み自体は、そのまま「海洋温度差発電」にも応用できるはずだと考えたのです。

もちろん海水の温度差の低さなど、多くの問題や克服すべき課題も少なくありませんが、たとえばタービンを回した蒸気を冷却するのに深層の冷たい海水は適しています。また何より、海水を無限にリサイクルする仕組みなので枯渇の心配がなく、二酸化炭素や廃棄物を生むこともありません。安定的で環境にもクリーン、しかも再生可能なＥＱエネルギーとして、海洋エネルギーは最適のものなのです。

さらに、化石燃料など既存のＩＱエネルギーの大半は陸地に存在していますが、海はもっと広大で地球の表面積の七割を占め、その海水には太陽から得た膨大で多様なエネルギー源もたっぷり蓄えられています。たとえばリチウムやウラン。これは海水の中に営々と蓄積されている、将来のエネルギー源となりうる物質です。

また、深層海水は海の中をあるときは滝のように落下し、あるときは上昇し、また海底をゆっくり這《は》うように流れ、地球全体を長い時間をかけて、うねりながらめぐっています。元の場所に戻るのに二千年くらいかかるといわれていますが、その間、あらゆる地域の山から雨水として流れ出したミネラルも吸収しており、それは人間の体内に存在するミネラルを全部含んでいます。

いわば深層海水は「命の泉」といってもいいものなのです。そのように人間の存在に欠かせない、生命の環境そのものをはぐくむ「母」のような海洋水を、エネルギーへと転換して、私たちの生命や生活の維持に役立てる——海洋エネルギーはこの点からも、環境の保全が何よりも求められる「第三文明」を担う新エネルギーとして、じつにふさわしいものなのです。

「発見」は「困難」のすぐとなりにある

海洋を利用したEQエネルギーを実用化してエネルギー不足を解消し、社会の役に立つこと。私にとって「海洋温度差発電」は単なる研究対象から、やがて自分の「使命」にまで高まっていったのですが、その開発プロセスがけっして楽な道のりでなかったことは、これまでたびたびふれてきたとおりです。

この章の冒頭で紹介した、学会の実力者から非難の嵐《あらし》を浴びたこと。また、最初の実験プラントをつくるための部品を廃品回収業者から買い求め、手作りでこしらえたこと。あるいは、研究費の確保や洋上実験のための資金集めに奔走したこと。しかし、その洋上実験もあと一歩のところまでいきながら、時化《しけ》によって中止せざるをえなかったことなど、苦労や迷いや難問の連続であったといってもいいのです。

とりわけ海洋温度差発電において、もっとも大きな難問だったのは、やはり海水の温度差が小さく、エネルギー効率が悪い点でした。火力発電では五七〇度くらいある温度差（水と水蒸気の）が、海洋温度差発電ではせいぜい一六～二二度程度しかなく、発電効率は十分の一に満たないのです。

したがって海洋温度差発電では、タービンを回転させる役割を担う作動流体に水はふさわしくなく、水よりも効率のいい新しい流体を探し出さなくてはなりませんでした。

このとき、ある偶然から、幕末のころすでに蒸気機関の研究において、作動流体にアルコール類を使うことが検討されていたことを知った私は、それをヒントにさまざまな物質の適性を調べ始めました。

そして、やがてアンモニアが最適であることを突き止めることになるのですが、それにはほぼ三年という時間を費やしました。三年の間、学生たちとともに来る日も来る日も電子計算機を使って計算した結果、アンモニアを使えば、温度差の小ささを克服できることが理論的に証明できました。そしてアンモニアを使って研究しているうちに、アンモニアに少し水を加えると熱効率がさらに高くなることを知り、それがウエハラサイクルの発明につながっていったのです。

このように、難問の裏側には必ず新発見が隠れているもので、プレート式の熱交換器（作動流体を加熱したり冷却したりする装置）を開発したときもそうでした。

アンモニアを使った熱交換器から、発電と呼べる規模の電力（一〇万キロワット）を取り出すためには、いったいどれくらいの大きさの熱交換器が必要か。当時の最先端技術を使ってそれを計算してみたところ、なんと四階建てのビルくらいの大きさの装置が合計で三十二個も必要になることがわかったのです。これはまったく実用的ではありません。このときはさすがに私もかなり落ち込み、迷いもしました。

しかし、そのことから逆に、実用化や商用化に向けてクリアすべき条件がはっきりとわかってきたのです。たとえば実用化に必要な一キロワット時当たりの発電単価や建設費、正味出力（発電量のうちの実際の供給電力）などの目標数値が明確になり、それにともなって克服すべき課題も絞り込むことができました。

その重要なポイントは、アンモニアや海水への耐性が強く、高い伝熱能力をもった熱交換器を開発する点にありました。そしてこの条件を満たすために思いついたのが、熱交換器をそれまでの円管状のものから板状のものに変えることでした。

さまざまな試行錯誤の結果、板状の熱交換器「ウエハラプレート」の開発に成功したのです。それによって発電効率や経済性は飛躍的に高まり、世界で初めて海洋温度差発電の実用化への道を開いたのです。

私は、迷ったときはいつも原点に返ることにしています。アンモニア流体のときに幕末の資料からヒントを得たように、このときも同様の資料を読みあさりました。すると日本初の蒸気船の蒸気機関の熱交換器（復水器）に、すでに箱型のものが使用されていることがわかったのです。

そのとき私の中で、「熱交換器とは丸いチューブ状のもの」という固定観念がひっくり返り、丸いものを平たくするという水平思考、すなわち「非線形思考」によって、この行き詰まった状態を打開できるのではないか——そのひらめきがウエハラプレートの発明に直結していったわけです。

ですから、難問はいつも発見の隣人であり、天啓《てんけい》のようなひらめきも、迷いと問題意識を両親として生まれてくるものといえます。創造に不安や失敗、リスクや挫折《ざせつ》はつきもので、それを超えたときに新しい地平が開けてくるのです。苦労や困難は成長の最良の養分であることを、私はこの海洋温度差発電の研究・開発のプロセスから身をもって体得しました。

海洋温度差発電がもたらす「心地よいエネルギー」

さて、少し専門的な話が長くなったようです。ここで「海洋温度差発電」がどのような利点や長所をもっているかを簡単にまとめておきましょう。海洋温度差発電というＥＱエネルギーが、私たちや私たちの社会にどんな「心地よさ」をもたらしてくれるのか。その紹介です。

今世紀に入って、次の五つのことが早急に解決しなければならない問題として大きくクローズアップされています。

地球環境問題と人口増加問題、さらにエネルギー不足、水不足、食糧不足の問題です。早急かつ真剣に、わがこととして取り組まないと、私たちは自分たちの生存環境を自分たちであやうくする、あるいは破壊してしまいかねません。海洋温度差発電は、これら五大問題の解決に大きく寄与するものなのです。

最大の利点は、海洋温度差発電が環境保全に貢献するクリーンエネルギーであることで

【海洋温度差複合プラントの概念図】

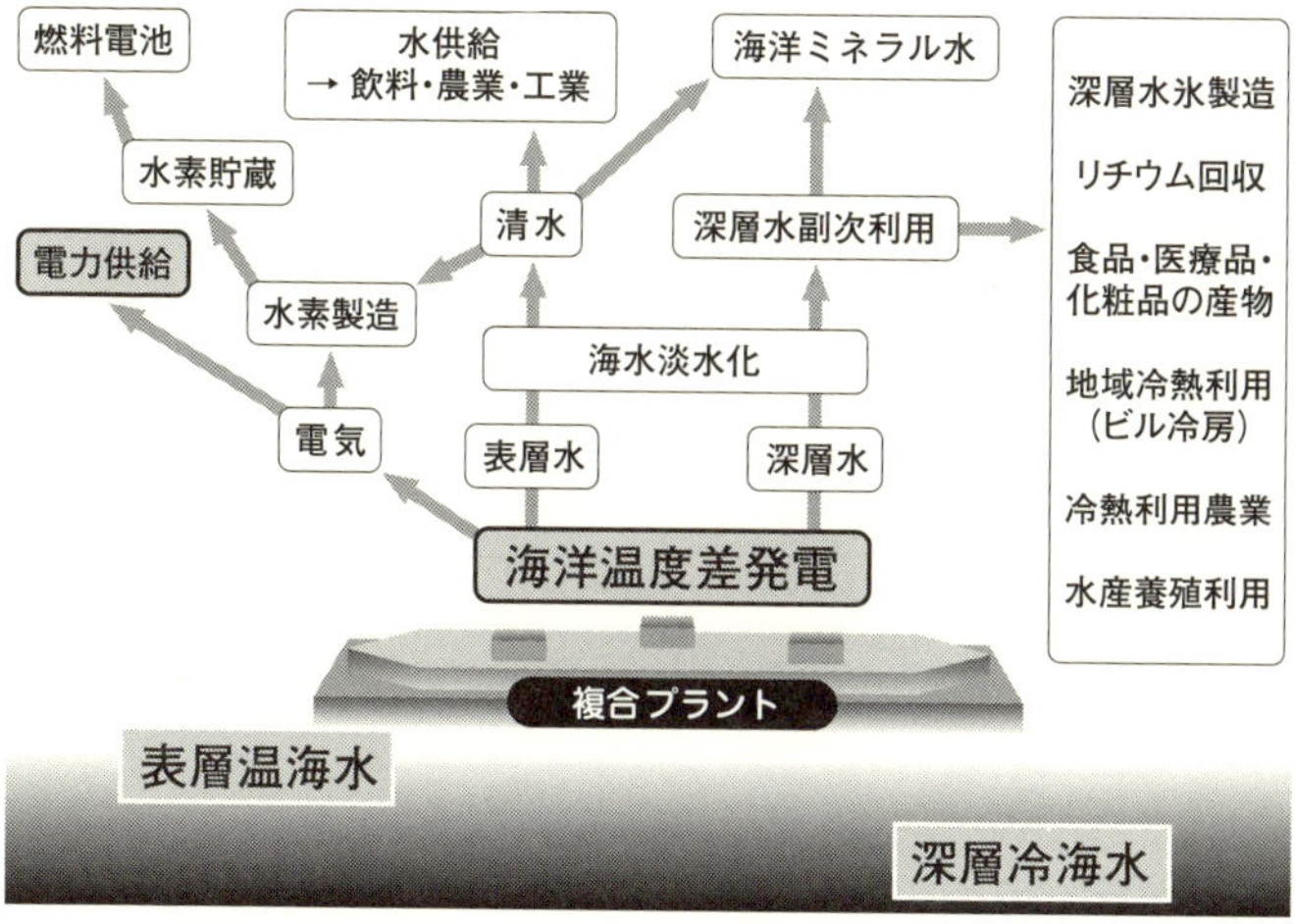

すが、これについてはすでにふれてきました。

二酸化炭素の排出量にしても、他の発電方式に比べて少ない、それもケタ違いに少ないという特長をもっています。したがって大気を汚すこともなく温暖化防止にも役立つ。また海水をリサイクルで使用するために、無限に再生が可能で電力を安定的に供給でき、しかも廃棄物が出ません。

ちなみに、どれくらいの発電量が可能かといえば――これは試算ですが――世界全体で一兆キロワット、日本に限っても、およそ八六億トンの石油に相当するエネルギーが採取できる計算になります。

この値は、潜在エネルギー量ですので、これに海洋温度差発電の効率を四％とすると、世界中で四〇〇億キロワット、日本では約三・五億トンの石油に相当するエネルギーを取り出すことができるのです。これだけの量があれば、当分の間はエネルギーに困ることはありません。

発電設備も陸上につくるのではなく、船のように沖合の洋上に浮かべたり、潜水艦のように海中に沈めるタイプのものを計画していますから、発電所の立地問題でもめるようなこともないと思います。

さらに、設備の素材にはチタンやセラミックを多く使用していますが、これらは耐久性にすぐれているうえに、きわめてリサイクル度が高い物質です。たとえばチタンは鉄のように錆《さ》びないので、ほぼ一〇〇%リサイクルが可能です。セラミックも陶器ですから、やはり復元性は高い。ですから、仮に設備を壊しても多くの材料が再利用できるのです。すなわち設備材料においても廃棄物が出ない、環境にやさしい発電所なのです。

多角的な意味で、クリーン度、安定度、再生度にすぐれた心地よいエネルギー。それが海洋温度差発電の大きな特長です。

海洋温度差発電が「心地よい」のは、それだけではありません。電力供給や環境保全に寄与する他にも多様なメリットを有しています。つまり、それはエネルギーだけでなく、さまざまなものが副次的に生産できる「複合プラント」でもあるのです。

一つは、電力をつくる過程で「水」が生産できることです。専門的な説明は省きますが、海水をいったん蒸気化し、それを深層の冷たい海水で冷やしてやると、そこに水ができるという仕組みです。すなわち海水から真水が取り出せるのです。私たちはその技術をすでに開発しています。

その水は飲料の他に農工業にも利用できますから、今後、かんばつや人口増加などから予想される水不足の解消にも役立つはずです。もちろん、ふだんの生活用水のコストダウンにもつながっていきます。

他にも波及効果が望めます。たとえば深層水を利用した海洋ミネラル水。それは前述したように、人間の体にとって有益な物質をたくさん含んでいますから、ミネラルウォーターとして利用されるだけでなく、医学や医薬品への転用なども考えられます。温度の低い深層水を利用したビルの冷房など冷熱用としても利用価値が高いでしょう。

また、深層海水は魚など水産物の養殖にも活用できるので、食糧不足の解消にも一役買うことができます。これは現在、駿河《するが》湾で実験中です。

水が慢性的に不足している地域に供給すれば、それまでとれなかった野菜や穀類もとれるようになるでしょう。実際、海洋温度差発電システムを国連で発表したときに、ある国の大使が「これで、わが国でも野菜が食べられる」と喜んでいました。

さらに「水」を電気分解することによって、「水素」も製造できます。これは海洋温度差発電のとても大事な「もう一つの機能」です。

なぜなら水素というのは、燃料電池をはじめ、エネルギー源としては非常に強力かつ多様で、しかもクリーンなものなのです。

二十一世紀は「水素の時代」になるといわれるほど、未来を担う中心エネルギーとして期待されており、これを海洋温度差発電から取り出すことができるのです。じつは私は研究を始めた三十年以上前から、ひそかにこの水素の製造をもう一つの目的としてきました。

電気だけでなく同時に水素もつくることで、いわばエネルギー源を二重に生産して世界のエネルギー不足の解消に貢献することができます。あるいは水を取り出すことで水不足や食糧不足の解決にも寄与して、前述の五大問題の解消の一翼を担うことになります。そのことを海洋温度差発電によって実現しよう、必ず実現できるはずだと私は以前から考えていたのです。

創造性は国境を超え、加速度的に世界を変える

むろん、なかにはいまだ計画段階のものもあり、克服すべき課題も少なくなく、すべて

明日からすぐに実践というわけにはいきませんが、「海洋温度差発電」がきわめて有益で、将来を担いうるエネルギーであることに変わりありません。同時に、他の問題の解決にも貢献できる複合システムであることが、以上の説明からおわかりいただけると思います。

実際、海洋温度差発電はすでに世界のいくつかの国で発電所の建設が計画されています。インドでは一〇〇〇キロワットのプラントがすでに建造され、試運転の準備に入っています。その他、計画中の国も含めれば、パラオ、フィリピン、モルジブ、フィジー・モーリシャス・クック諸島など、環境問題やエネルギー問題、あるいは水や食糧不足に悩まされている国を中心に、世界の百カ国くらいでプロジェクトが検討中なのです。

日本国内でも、実用化が本格的に始まろうとしており、マスコミでも取り上げられる機会がふえてきました。

私自身も取材を受けることが多くなり、世間の関心がしだいに集まってきているのを肌で感じています。

研究をスタートさせた当初、学界から袋だたきにあったり、冷笑を浴びせられたりしたことを思えば隔世の感がありますが、二〇〇三年に、佐賀県伊万里《いまり》市の工業団地内に完成した「海洋エネルギー研究センター」は、三十年に及ぶ研究の「知」の結集であって、そこでは、いま紹介したような海洋発電だけにとどまらないさまざまな研究と実験が行われ、大きな成果を上げつつあります。

その研究センター建設のための資金も、多くの人の理解と助力のおかげで、なんと四十六億円という巨額の予算を国（文部科学省）から計上してもらうことができました。そのこと自体が、国としても海洋温度差発電の推進に本腰を入れようという熱意の表れといえます。そういう点からも、私はかつての逆風が追い風に変わってきたことを身にしみて感じています。

国連のほうでも未来のエネルギー対策として、海洋エネルギー技術をその主要に据えようという動きがあり、私自身も国連からの依頼を受け、国連本部で多くの国連大使の前で海洋温度差発電の重要性について講演しました。

その講演の反響は大きく、「原理は知っていたが、すでに実際に発電や水素の製造をしているとはすごい」と驚く人が少なくありませんでした。

この技術を使えば、発電所をつくるのに早ければ一年半くらいで建設が可能です。建設期間は原子力発電なら十年くらい、火力発電でも三年はかかるのが普通ですから、この建設スピードにも感嘆の声が集まりました。

また、これまであまり要請のなかったアフリカの諸国からも調査に来てほしいという依頼があり、この国連での動きを契機に、海洋温度差発電が世界へ広がるスピードにさらに加速がつきそうな気がしています。

自慢ととられては困りますが、すぐれた技術、高い創造性というものはボーダーレスで、国境をやすやすと超えていく――そのことをあらためて実感したしだいです。

常識の壁を打ち破る「バリアフリー思考」

最近はボーダーレス化、グローバル化という言葉を目や耳にしない日はないくらいで、インターネットの普及など、世界が狭くなったことを実感している人は多いと思います。

ボーダーレスとはすなわちバリアフリーのことでもあります。国と国、民族と民族の壁や垣根が低くなったり、なくなったりすること。それがボーダーレスでありバリアフリーなのです。

バリアフリーというと、建物の中の階段や段差をなくすことだと狭義にとらえている人も少なくないようですが、それはもっと広い意味をもっていて、つまり、あらゆるものの「差」がなくなるということです。

男と女、大人と子ども、老人と若者、あるいは専門家と素人、生産者と消費者、経営者と労働者……これまで対立概念として考えられてきたさまざまな要素において、その区別がどんどん希薄になっていく。これがバリアフリー化の本当の意味です。

私が身を置く学問の場でもバリアフリーが進んでいます。たとえばインターネット講義を採用する大学がしだいに数を増しています。

私も行った経験がありますが、学生たちはインターネットを通じて、自分の都合のいい時間に私の講義を受けることができます。疑問があればメールで質問を送り、私はその一つひとつに返事を出します。レポートもインターネットを通じて提出するのです。もう教室の内と外の区別がなくなりつつあります。

それだけにとどまらず、私の講義を世界中で聴くこともできます。佐賀大学での講義を、アメリカのＭＩＴ大学やハーバード大学でも聴くことができるし、その逆も可なのです。

実際、米国のある知り合いの教授から連絡があって、「インターネットで講義を聴いたが、あなたの講義には一つだけわかりにくいところがある」と指摘されました。どこがわかりにくいのかたずねると、

「日本語がわからない」

と言われました。ともあれ、こういうことが、これからどんどん起こってきます。国や民族や人種や性別や年齢など、すべての区別があいまいになって、その差が解消されるバ

リアフリー化が進んでいくのです。そういう時代には、私たちの考えもまたバリアフリー化しなくてはなりません。つまり既成概念や固定観念にとらわれず、広く発想し、自由にものを考えていくことです。

クローズド型思考ではなくオープン型思考、平面思考ではなく立体思考、あるいは線形思考ではなく非線形思考……さまざまに表現できますが、前述したように、常識や前例というバリアを打ち破って、デタラメ度の高い創造的思考をする。そうでないと私たちは成長できない時代に生きているのです。

たとえば、共生の時代だとよくいわれます。競争原理ではなく、共に支え、助け合う共生の思想を原理に新しい社会を築くべきだ――方向性としては異論のない話です。しかし共生社会を実現するためには、一つの大きな前提条件があると私は考えます。一人ひとりが「個」として自立していることです。

自立した個が集まって、より住みやすい社会をつくろうというのが本当の共生の考え方であって、単体として独立していない人間が集まっても、それはもたれ合いや「寄生」になりがちです。

言い換えれば個々の自立や成長があってこそ、共に生きることが可能になるのです。このことを考慮に入れない、ただみんなで仲よく手をつなごうという考え方は、私にいわせればあまり現実的でないうえに、「共生は善、競争は悪」というステレオタイプにとらわれたＩＱ型の線形思考でもあるのです。

これは一つの例ですが、つまり「常識」として定着している考えやことがらでも、本当にそうかと疑問をもち、視点や角度を変えてとらえ直してみることが大切だということです。すると、そこに創造や成長につながる発想の転換が生まれ、立体思考や根源思考、デタラメ度の高い非線形思考が可能になってくるのです。

成長できるのは、「成長の可能性」を信じきれる人

非線形な逆転思考においては、ピンチはチャンスのことです。危機は「危険」と「機会」のこと。危機とは、それまでの外部条件が大きく変わりつつあることですから、「条件適応の原理」を使い、その条件変化に合わせて、自らの内部を変えていけば、危機が機会に変わる。「チェンジ・アズ・チャンス」。変化や危機をチャンスとしてとらえる考え方が大切なのです。

その逆転思考でいけば、先ほど記した、環境問題をはじめとする世界の五大問題もまた、

さらなる成長への機会ととらえなくてはなりません。私自身、エネルギー不足という危機を「海洋温度差発電」という新しい創造につなげたようにです。すなわち「問題」は、成長への契機である――少なくとも、そう考える「成長思考」が私たちには必要なのです。

以前私は、赤道近くのある国から海洋温度差発電の設置の依頼を受けて調査に出かけたことがありました。

そこは地球温暖化の影響もあって、島全体がほとんど海抜ゼロメーター地帯です。島には電灯もなく、飲み水は雨水。野菜はまったくとれず、ヤシの木だけが唯一自生する植物でした。むろん島民の生活は、豊かさが当たりまえになった日本人の目から見れば、「貧しい」の一語です。私はその生活ぶりを見て胸が痛み、心が暗くなったほどでした。

しかし、島民はみんな明るく、幸せそうな顔をして、生活レベルとは正反対のじつに豊かな表情で毎日を暮らしています。

「海洋温度差発電を建設して、豊かな村をつくりましょう」

私がそう語りかけたところ、島民の一人がこう答えました。

「私たちはいまでも幸せです。これ以上の幸せってどんなものですか」

私は言葉を失いました。といっても、とてもすがすがしい気持ちだったのです。

私は彼らの「豊かさ」には貢献できるかもしれない。しかし、その幸福には貢献できないし、する必要もない。なぜなら彼らはすでに十分幸せであるし、いまの日本人とは違った価値観で自分たちの幸福を築き、彼らなりの「心地よさ」を満喫しているからです。私のほうが、そのことをちょっぴりうらやましく思ったのも事実です。

この村には、電気もミネラルウォーターも必要ないのかもしれない。であれば海洋温度差発電も必要ない——私はそう考えて島をあとにし、帰国後、その旨の報告書も提出しました。

ただし、このことをもって、人間に成長は不要だといいたいのではありません。逆です。人間はそれぞれの環境や条件に応じて、幸せを追い求め、それをつかもうとする生き物だということです。

幸福のかたちはそれぞれ異なるが、その幸福を大きな目標として、おのおのの条件に適応しながら成長していく。それが人間の本来の姿であることは、国や時代を超えた不易のことがらなのです。

人間は、「成長したい」「進歩したい」という欲求をたえず失うことのない生き物です。人は育てるものではなく育つもの、伸ばすものではなく伸びるものなのです。すなわち私たちはみんな「成長意欲」「成長思考」という有力な種をもっているのだといえます。

昨年より今日を、今日より明日を、よりよいものにしようという意識が根底にあるからこそ、人は模索し、手を伸ばそうとするのです。

生きていると、楽しいことばかりではないかもしれません。しかし、私が三十年前に誓った海洋温度差発電の実用化を、どんな逆境にあろうとも自分の軸に据え、ここまで育ててきたように、自分の成長の可能性を信じきることができるのは、あなたをおいて他にはいないのです。

あなたを成長させることができるのは、この世に唯一、あなた自身だけです。

たくさんの人が、それぞれに眠るその成長の種に気づき、そしてそれをより大きく開花させることを願って、ペンをおきたいと思います。

上原春男――うえはら・はるお
全世界から注目を集める将来のエネルギー「海洋温度差発電」の世界的権威。工学博士。伝熱工学や発電システムを研究中、科学技術の発達、企業の成長、人間の成功など、成長発展するものにはすべて共通する原理があることを発見し、独自の「成長の原理」を編み出す。その原理は、国の地域産業振興策、企業の製品開発などにつぎつぎに応用され、政治家やトップ財界人、経営者から絶大な信頼を集める。これまで指導した企業は300余社。株式公開する企業や年商100億円、1000億円を超える、日本を代表する企業が続出している。氏の30年にわたる構想である「海洋温度差発電」は実用段階に入り、再生可能な夢のエネルギーとして各方面から注目の的となっている。
1940年長崎県生まれ。1963年山口大学文理学部理学科卒。九州大学生産科学研究所講師、佐賀大学理工学部助教授を経て1985年同学部教授。1996年に同学部長、2002年には佐賀大学学長に就任。著書は『成長の原理』『創造の原理』(ともに日本経営合理化協会出版局)、『夢をかなえる心の法則』(致知出版社)他、多数。

成長するものだけが生き残る

二〇〇五年二月十日 初版発行
二〇〇五年三月一日 第二刷発行

著者――上原春男
発行人――植木宣隆
発行所――株式会社 サンマーク出版
東京都新宿区高田馬場二-一六-一一
(電話)〇三-五二七二-三一六六
印刷――中央精版印刷株式会社
製本――株式会社若林製本工場

ISBN 4-7631-9593-X C0030
ホームページ http://www.sunmark.co.jp
携帯サイト http://www.sunmark.jp